经济学学术前沿书系

SHENGCHANLV RONGZI YIZHIXING YU
QIYE GUOJIHUA XUANZE

生产率、融资异质性与企业国际化选择

慕绣如 著

经济日报出版社

图书在版编目（CIP）数据

生产率、融资异质性与企业国际化选择／慕绣如著
．--北京：经济日报出版社，2020.7
ISBN 978-7-5196-0693-0

Ⅰ.①生… Ⅱ.①慕… Ⅲ.①企业经济-国际化-研究-中国 Ⅳ.①F279.2

中国版本图书馆CIP数据核字（2020）第129795号

生产率、融资异质性与企业国际化选择

作　　者	慕绣如
责任编辑	陈　芬
助理编辑	陈礼滟
责任校对	李艳春
出版发行	经济日报出版社
地　　址	北京市西城区白纸坊东街2号A座综合楼710（邮政编码：100054）
电　　话	010-63567684（总编室）
	010-63584556（财经编辑部）
	010-63567687（企业与企业家史编辑部）
	010-63567683（经济与管理学术编辑部）
	010-63538621　63567692（发行部）
网　　址	www.edpbook.com.cn
E-mail	edpbook@126.com
经　　销	全国新华书店
印　　刷	北京建宏印刷有限公司
开　　本	710×1000 mm　1/16
印　　张	11.375
字　　数	180千字
版　　次	2020年8月第1版
印　　次	2020年8月第1次印刷
书　　号	ISBN 978-7-5196-0693-0
定　　价	49.00元

摘　　要

出口是中国企业参与国际市场最初也是最重要的选择，一直保持较高的增长速度，2013 年我国已经成为第一大货物贸易大国，全年的货物出口总额为 2.21 万亿美元，2015 年出口额达到 2.27 万亿美元。但出口规模扩张的同时也产生了出口产品质量低、附加值低、环境成本高等一系列问题，出口结构的改变迫在眉睫。与出口相比，中国的对外直接投资起步较晚、规模较小，但政府“走出去”策略提出以后，对外直接投资规模大幅度上升，也使我国逐渐由资本净流入国变成资本净输出国。作为企业参与国际市场的另一方式，对外直接投资也是中国与世界其他国家经济合作、实现双赢的桥梁，随着“走出去”工作体系的不断完善，“一带一路”政策的提出，中国企业以 OFDI 形式融入经济全球化的速度加快，中国对外直接投资更是在 2015 年创下 1456.7 亿美元的历史最高值。

随着经济全球化的发展，中国经济与世界经济的联系更加密切，企业走向国际市场的愿望也更加强烈，怎样使中国企业实现高水平的“走出去”战略目标具有重要的现实意义。企业是出口和对外直接投资的主体，从微观视角对其影响因素进行分析才能真正找到原因，Melitz（2003）提出的企业异质性为我们研究该问题提供了新的视角和思路。生产率和融资能力是企业异质性的两个方面，也是企业进入国际市场的两个重要壁垒，对决定企业是否可以进行海外活动至关重要。中国生产率水平的大幅度提高是有目共睹的，但中国的金融发展体系不完善，企业融资的主要途径是向以四大国有商业银行为中心的银行体系借贷，这是否会阻碍企业的出口和对外投资，生产率水平的提高是否会对这种阻碍作用起到补偿，生产率和融资能力处于什么水平才能更好地发挥作用？这都有待于我们进行研究。

本书总共分为七个部分：第一章为绪论，介绍本书的选题背景、选题意义、研究目标、研究思路、文章结构、主要的研究方法及主要创新点和研究难点等。第二章为文献综述，回顾传统贸易和投资理论对跨国公司行为的描述，重点梳理新新贸易理论提出的企业异质性对国际化行为的影响，为第四章到第六章的实证检验提供理论基础。第三章为指标构建和典型特征事实。介绍主要解释变量生产率和融资异质性的衡量方法，分析中国对外直接投资的基本特征并运用非洲样本对中国对外投资的动机进行分析。第四章运用工业企业微观数据检验了生产率和企业出口及对外直接投资之间的“自选择效应”和“学习效应”。第五章从理论模型和实证检验两方面考察融资异质性对企业国际化选择的影响。第六章实证检验了融资异质性通过生产率效应和技术创新效应对企业国际化选择的影响，然后通过理论模型和实证模型分析了生产率和融资异质性的门槛效应。第七章为全文的总结，根据前面的实证结果得到本书的主要结论，并在此基础上提出相关的政策建议及进一步的研究方向。

本书的研究得到以下主要结论：第一，出口和对外直接投资满足生产率自选择效应，但对外直接投资具有学习效应，出口学习效应不明显；第二，融资能力的提高会促进企业参与国际市场，且对 OFDI 的影响作用大于对出口的影响。行业融资依赖度越低、地区金融发展水平越高以及规模越大的企业，融资能力对其出口和 OFDI 影响越大；第三，生产率和融资异质性对企业的影响不是独立的，而是存在间接效应和门槛效应的。融资约束的改善可以通过生产率效应和技术创新效应间接促进企业的国际化。且融资能力和生产率互为门槛，跨过生产率门槛，融资能力提升才能对国际化行为发挥促进作用，跨过融资约束门槛之后，生产率的促进作用才更加明显。

本书的创新点主要包括：首先，在新新贸易理论的基础上全面分析了生产率在企业国际化选择中的自选择效应和学习效应，而现有文献大都只分析其中一个方面。其次，运用多元 Logit 模型同时对融资异质性对出口和 OFDI 的影响进行了分析，并分析了行业融资依赖度、地区金融发展水平以及企业规模不同时，外源融资对企业国际化选择影响的不同。最后，本书从间接效应和门槛效应两个方面分析了生产率和融资异质性对企业国际化影响的相互作用。通过实证模型具体探讨生产率和融资能力的门槛值，弥补了相关研究文献的不足。

关键词：生产率；融资异质性；出口；对外直接投资

Abstract

Export is the most primal and important choice for Chinese enterprises to participate in the international market, which has been kept at a high growth rate for many years. In 2013, China had become the first big goods trading country, total exports was $2.21 trillion, which reached $2.27 trillion in 2015. At the same time, there are a series of problems such as low quality, low added value, high environmental cost and so on. So the change of export structure is imminent. Compared with the export, outward foreign direct investment (OFDI) of China starts relatively late, on a smaller scale. But with the implementation of the "going out" strategy, outward foreign direct investment grew rapidly. Then China has been becoming net capital exporter from net capital importer gradually. As another way of enterprises to participate in the international market, outward foreign direct investment is the bridge for China's economic cooperation with other countries in the world. With the continuous improvement of the system of "going out" and implementation of "One Belt And One Road" policy, more and more Chinese enterprises take participate in economic globalization in the form of OFDI. China's outward foreign direct investment has hit a historic high of $145.67 billion in 2015.

With the development of economic globalization, China will have more links with the world, the desire of the enterprise to go into the international market will be more intense. How to make Chinese enterprises achieve a high level of "going out" strategy target has important practical significance. Enterprise is the main part of the export and foreign direct investment, from the micro perspective to analyze the influence factors is reasonable. The enterprise heterogeneity study made by Melitz (2003) provided the new perspectives and ideas for us to analyze this question. Productivity and financing ability are the two aspects of the enterprise heterogeneity, and two important barriers to enter the international market of the enterprise. So they are very important for enterprises to decide to make overseas activities or not. Chinese productivity levels increased significantly, but financial system is not perfect. Borrow money from banking system centered by the big four state-owned commercial banks is the main source of funds. Will this prevent the firm's internationalization? Will the improvement of productivity levels compensate to prevention. At what level will productivity and financing ability play a better role? This is subject to our study.

This paper is divided into seven parts altogether: the first chapter is introduction. We introduced background, significance, the research goal and ideas, the structure of the article, the main research methods, main innovation and research difficulties, etc. Chapter 2 is literature review, which review the traditional trade and investment theory about MNC's behavior. And mainly analyze the influence of heterogeneity on international behavior made by new-new trade theory, which will provide theoretical basis for the next empirical test. Chapter 3 constructs the typical index and analyzes the characteristics and motive of China's OFDI. Chapter 4, Chapter 5 and Chapter 6 are the core of this paper. Chapter 4 tests the "selection effect" and "learning effect" between productivity and firm's internationalization using the industrial enterprise micro data. Chapter 5 studies the influence of financial heterogeneity on internationalization from aspects of theoretical model and empirical test. Chapter 6 tests the indirect effects of financial heterogeneity on internationalization through productivity and innovation. And then we analyze the threshold effect of productivity and financial heterogeneity through the theoretical and empirical model. Chapter 7 is the summary of this paper. We put forward relevant policy suggestions on the basis of previous empirical results and the further research direction.

The main conclusions of this paper are as follows: firstly, selection effects exist between productivity and internationalization, OFDI firm show learning effects, the learning effects of exporting are not obvious. Secondly, financial constraints will raise the productivity threshold of enterprises to export and OFDI, which will hinder enterprises' internationalization. In addition, the effects to OFDI will be larger than that to export. The effects of financial constraints felt in particular by firms with large scale, low dependence of financing and good regional financial development. Thirdly, the impact of productivity and financing constraints on the enterprise is not independent, there are indirect effect and the threshold effect. The improvement of the financial ability can promote the internationalization of enterprises indirectly through productivity effect innovation effect. Financial ability and the productivity is threshold, when crossed the threshold of productivity, financial ability may play a better role in promoting the internationalization. When crossed the threshold of financial constraints, the promoting effect of productivity is more obvious.

The innovations of this paper include: firstly, make comprehensive analysis of productivity's self – selection effect and learning effect in the in the choice of internationalization on the basis of new – new trade theory, most existing literature analyze only one aspect. Secondly, we analyzed the influence of financial heterogeneity on export and OFDI at the same time using multivariate Logit model. Thirdly, we analyze the interaction effect of productivity and financial heterogeneity from the aspects of indirect effect and threshold effect. Thirdly, we explore threshold value of productivity and the financial ability through specific empirical model, which make up for the deficiency of the related research literature.

Key words: productivity; financial heterogeneity; export; OFDI

目　录
CONTENTS

图目录

表目录

第一章　绪　论

第一节　选题背景

出口和对外直接投资（OFDI）是企业“走出去”参与国际市场的两种不同方式。作为传统的国际化行为，出口是中国企业参与国际市场最初也是最重要的选择，中国企业年出口总额除2009年有小规模下降以外，一直都保持较高的增长速度，2013年我国已经成为第一大货物贸易大国，全年的货物出口总额为2.21万亿美元，2015年出口额达到2.27万亿美元，为拉动中国经济增长发挥了重要作用。但出口规模扩张的同时也产生了出口产品质量低、附加值低、环境成本高等一系列问题，出口结构的改变迫在眉睫，不能仅仅依靠“三来一补”。与出口相比，中国的对外直接投资起步较晚、规模较小，2005年之前投资额不足100亿美元。对外直接投资也是中国与世界其他国家经济合作、实现双赢的桥梁，随着“走出去”工作体系的不断完善，中国企业以OFDI形式融入经济全球化的速度加快，现随着“一带一路”政策的提出，中国对外直接投资更是在2015年创下1456.7亿美元的历史最高值，是2003年投资额的50多倍，占全球的份额达到9.9%，成为资本的净输出国。

表1.1　2003—2015年中国对外直接投资和出口总额（亿美元）

年份	2003	2004	2005	2006	2007	2008	2009
OFDI	28.55	54.98	122.61	212.6	265.1	559.1	565.3
出口	4382.28	5933.26	7619.53	9689.78	12204.56	14306.93	12016.12
年份	2010	2011	2012	2013	2014	2015	
OFDI	688.11	746.54	878.04	1010	1160	1456	
出口	15777.54	18983.81	20487.14	22090.05	23422.93	22749.49	

数据来源：联合国贸发会议数据库。

是什么因素导致了中国出口和对外直接投资规模的不断扩大呢？从宏观视角，发达国家的经济复苏以及发展中国家的工业化需要资金，中国自身高额的外汇储备以及经济发展阶段决定了中国有能力对外投资，同时政府供给侧改革，简政放权政策为企业走出去提供了便利。传统的贸易和投资理论认为，企业“走出去”必须具备一定的优势——垄断优势、所有权优势、区位优势等。从微观视角，以 Melitz（2003）为代表的“新新贸易理论”认为，企业在生产率水平上的异质性是决定其是否参与国际市场、以出口还是OFDI 方式参与国际市场的关键因素，生产率水平最高的企业对外直接投资、生产率水平次之的企业出口、生产率较低的企业在国内生产、生产率最低的企业退出市场。改革开放后，中国生产率水平的提高是有目共睹的，那这是不是影响企业国际化行为的因素还有待我们进一步验证。

世界银行对 102 个发展中国家的调查数据表明，30% 受调查的企业认为融资约束是阻碍其发展的重要障碍，即使可以获得信贷，3/4 的企业认为信贷成本太昂贵或无法承受。因此，外源融资约束成为阻碍发展中国家企业开展及保持国外业务的重要因素。2008 年金融危机以来，全球投资规模的下降，引起学者们关于融资约束与投资关系的广泛研究。中国现阶段金融体系不完善，信贷歧视问题严重，企业特别是民营企业、小规模企业普遍面临融资约束问题，“4 万亿”刺激政策之后，央行不断采取措施紧缩银根，进一步加剧了企业融资难的问题。虽然企业融资难的问题已经引起政府的广泛关注，并积极推动了一系列金融体系改革和创新，但企业面临的融资约束问题还没有彻底解决。与供应国内市场的企业相比，进入国外市场的企业需要支付额外的成本，只有拥有充分流动性的企业才可以出口（Chaney，2013）。Du 和 Girma（2007）发现银行贷款影响中国企业的出口份额。Buch（2014）认为，融资约束是阻碍企业进入国际市场的另一壁垒。因此，跨越生产率门槛的企业不一定就可以参与国际市场，还需要考虑融资异质性对企业的影响。在全面解决企业融资问题比较困难的前提下，如何有针对性地对企业提供融资支持，帮助那些没有生产率约束而融资约束严重的企业，会更好地促进优质企业的对外直接投资活动。

第二节　研究目标、思路和结构

一、研究目标和思路

出口和对外直接投资是中国企业参与国际市场的两种方式，对企业自身以及整个国家的经济增长都至关重要。那么，是什么因素决定了企业是否参与国际市场，以及以出口还是 OFDI 参与国际市场呢？本书的研究目标在于：

（1）利用中国工业企业微观数据检验生产率在企业国际化选择中是否存在“自选择效应”，以及既对外直接投资也出口的企业是否存在出口和 OFDI 学习效应，出口是否可以通过学习效应进一步促进 OFDI。

（2）从理论上构建包含企业生产率、融资能力及出口和对外直接投资的模型，分析融资异质性对企业出口和 OFDI 影响的原理，以及对两种跨国行为影响的不同，并用企业数据就相关的结论进行基本分析和分行业、地区和规模的进一步拓展分析。

（3）融资能力可以直接影响企业的国际化行为，也可以间接影响企业的行为。通过梳理相关文献，分析企业通过生产率效应和技术创新效应间接对企业国际化行为的影响。

（4）通过理论模型分析生产率和融资约束之间互为门槛的特征，并通过中国企业数据回归得到具体的门槛值，分析不同所有制企业所处的生产率及融资约束区间，进而有针对性地提出提高企业参与国际市场的措施。

本书在梳理国内外相关文献的基础上，基于新新贸易理论的基本观点，形成本书的选题、基本框架及技术路线。具体路线图如下：

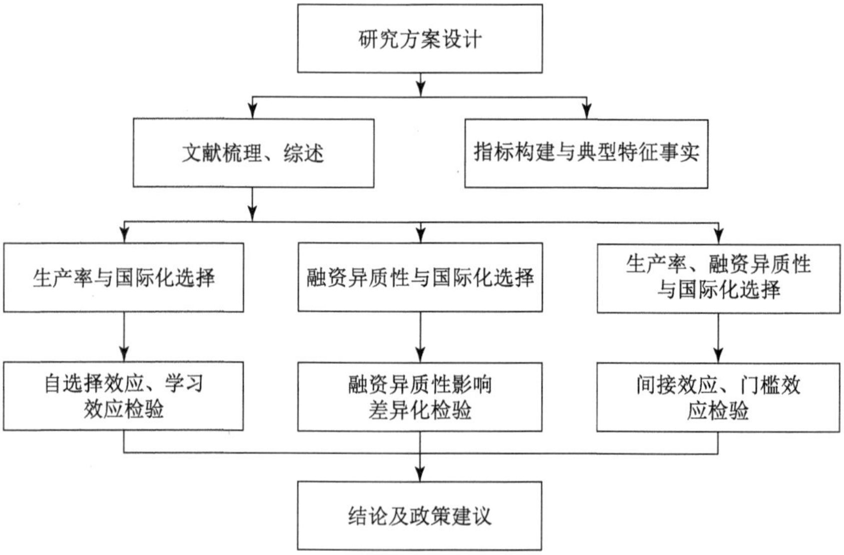

图 1.1　本书的技术路线图

二、本书的结构安排

根据上文介绍的研究思路和研究目标，本书总共分为七章内容，具体如下：

第一章为绪论部分。该部分首先介绍本书的选题背景以及研究的理论与现实意义，然后具体介绍论文的研究目标和研究思路，确定具体的结构安排，总体介绍文章的研究方法以及主要创新点和研究难点，为全文的研究思路提供线索。

第二章为文献综述部分。首先对传统贸易理论、新贸易理论以及传统的对外投资理论等基于企业同质性假设的跨国公司理论进行梳理，然后介绍现在比较流行的新新贸易理论的发展。在此基础上，就国内外关于新新贸易理论以及与本书相关的研究进行了梳理，具体包括生产率异质性与国际化选择、融资异质性与国际化选择、生产率、融资异质性与国际化选择三个方面，为第四、五、六章的实证检验提供相应的理论支持。

第三章为指标构建与典型特征事实。该部分首先介绍了本书的核心解释变量全要素生产率和融资异质性，其中生产率部分主要对代表性的索洛余值法、数据包络法、随机前沿分析法以及文中用到的 OP 和 LP 方法给与了介绍。融资异质性指标则从世界银行调查数据、现金流敏感度、单个代理指标及综合代理指标进行了介绍，并对各个衡量方法衡量的融资水平进行了分析。最后，我们运用宏观数据分析了中国对外投资的规模、增长特点以及分布特点等，并选取中国对外直接投资最有争议的非洲地区作为研究样本，分析了中国对外直接投资的动机及制度因素的作用。

第四章是生产率与企业国际化选择。以新新贸易理论为基础，生产率与企业国际化的关系包括自选择效应和学习效应，也是这一章两小节分别分析的内容。首先，通过 K－S 非参数检验方法验证了生产率自选择效应的存在，然后证明了出口企业可以通过提高生产率进一步促进对外直接投资。其次，通过倾向得分匹配为既出口也对外投资的企业选择合适的对照组，通过倍差法对其学习效应进行检验。

第五章是融资异质性与企业国际化选择。首先，通过理论模型的构建得出基本假说，融资约束提高企业出口和 OFDI 的效率阈值，从而阻碍企业的出口和OFDI决策；其次，融资约束扩大企业出口和OFDI之间的效率差距，从而融资约束对OFDI的影响大于对出口的影响，融资约束最低的企业采取对外直接投资的方式参与国际市场，融资约束次之的出口。最后，通过Mlogit模型对理论假说进行了验证并进行了一系列稳健性检验。

第六章是生产率、融资异质性与企业国际化选择。本部分主要考虑生产率和融资异质性的相互作用对企业国际化的影响。首先通过构造交互项，分析融资能力通过生产率效应间接对企业出口和OFDI的影响，其次通过门槛模型，分析融资异质性对出口影响的生产率门槛，以及生产率对出口影响的融资能力门槛，并通过系统GMM方法验证了生产率和融资异质性对出口规模的影响。

第七章是结论、政策建议及研究展望。

第三节 理论与现实意义

一、理论意义

新新贸易理论是贸易理论的前沿，代表了相关问题研究的方向，能很好解释当前社会贸易和投资活动的现实。现有文献也从不同角度对新新贸易理论进行了验证，系统地将企业生产率、融资异质性及出口、OFDI活动纳入统一框架进行分析具有很大的理论意义。

首先，分析非出口企业、出口企业和对外直接投资企业在生产率分布上的差异，增加了对自选择效应的实证支持，同时以既出口也对外直接投资企业为研究样本分析学习效应，拓宽了传统学习效应检验主要针对出口企业的研究范围，且通过为它们寻找对照组企业，明确了企业学习效应到底来自出口还是投资，两种行为的学习效应有何差异，是对新新贸易理论关于学习效应描述的进一步深化。

其次，现有文献关于融资约束对企业出口的研究比较丰富，关于企业融资异质性对投资影响的研究较少，对融资异质性与企业国际化选择的文献也不多见。本书运用《中国工业企业数据库》和《中国境外投资企业（机构）

名录》匹配的微观数据，同时分析了融资约束对出口和投资的差异化影响，同时考虑行业融资依赖度、地区金融发展水平以及企业规模不同时，融资异质性对企业国际化选择影响的不同，为融资异质性与企业国际化选择行为的关系提供微观证据。

最后，我们创新性地从间接效应和门槛效应两个方面检验了生产率和融资异质性与企业国际化选择的相互作用，弥补了现有研究从单方面分析二者对企业国际化影响的不足。我们从理论和实证两个方面验证了二者之间门槛效应的存在，是对现有理论的一个补充，即生产率和融资异质性对企业的出口和投资发挥作用是有条件的。生产率处于不同区间水平时，融资能力的作用是不同的，同样，融资水平不同时，生产率的促进作用也不同。

二、现实意义

新新贸易理论的研究主题与我国的出口和对外直接投资现实具有很好的契合点。我国出口在经历了 30 多年的快速增长之后，遇到了低附加值、粗放式发展、低出口质量、环境污染等问题，依靠出口带动经济增长受到批判和质疑。而作为国际化的另一方式，对外直接投资越来越受到重视。我们在新新贸易理论框架下，分析生产率和融资异质性对企业国际化选择的影响，通过实证分析哪些企业可以“走出去”、以哪种方式“走出去”并提出相应的政策建议，其现实意义显而易见。

首先，中国长期大规模的出口在带动经济发展的同时，也呈现出越来越多的问题。低质量的产品出口使我们处于世界生产价值链的底端，不利于产业转型升级，经济的可持续发展。同时，长期的贸易顺差使我们对贸易依赖度比较大，出口下降对整个经济产生巨大的影响。国际社会也给我们较大的压力，通过各种贸易和非贸易壁垒阻碍我们的出口。因此，我们从企业层面研究影响企业出口的因素，生产率是企业出口面临的最主要壁垒，必须注重研发投入促进生产率水平的提高，进而提高企业出口和对外直接投资的质量。同时，消除地区间、所有制间的差别政策对待，营造公平良好的竞争环境，使企业能优胜劣汰，最应该“走出去”和有能力“走出去”的企业进行国际化生产投资，每个企业都选择适合自身情况的国际化方式。

其次，我国的对外直接投资起步较晚，虽然最近几年保持了较快的增长速度，但整体规模较小，且主要投资到发展中国家，很多是政府导向型的投资。作为企业参与国际市场的另一方式，对外直接投资比出口表现出更好的学习效应，因此我们认为，应进一步促进投资便利化，并利用出口对 OFDI 的促进作用，从而更好地发挥对外直接投资的学习效应。

最后，我国金融体系不完善，企业普遍面临融资约束问题，而融资约束是阻碍企业进入国际市场的另一重要壁垒。如何为企业提供资金支持，帮助其实现高水平“走出去”的目标，需要对不同企业采取差异化措施。对于生产率水平中等的企业提供融资支持，效果要优于对低生产率水平企业的支持，因为前者“走出去”并在国际市场上保持较高竞争力的可能性更大。同样对于资金相对充裕的企业，如何帮助其提高生产率水平才是关键。

第四节　研究方法

本书在新新贸易理论的基础上，将生产率、融资异质性、出口和对外直接投资纳入到统一分析框架，对企业国际化路径选择进行分析。我们力求做到系统全面地对该问题进行分析，具体采用了以下研究方法：

一、归纳分析法

通过搜集和阅读相关文献，了解新新贸易理论关于企业生产率异质性及融资异质性的描述，并对现有相关研究成果进行了学习和研究。通过对国内外相关文献的归纳分析，发现该问题的研究思路并找到可以继续研究的方向，从而确定本书的重要研究内容。

二、定性分析与定量分析相结合

定性分析法主要表现在对相关文献的梳理，以及通过图表、曲线等对相关事实进行描述。通过定性分析法可以寻求本书研究的理论基础以及研究的现实必要性。定量分析是指通过构建相应的指标及模型，将各变量之间的关系定量化，该方法主要用于文章的第四章生产率与企业国际化选择、第五章融资异质性与企业国际化选择以及第六章生产率和融资能力的相互作用。

三、数理分析与实证检验相结合

在对相关文献进行梳理的基础上，我们分别在第五章和第六章构建了生产率、融资异质性及企业国际化选择的数理模型，为文章的实证检验提供了理论基础。在实证检验方面，我们主要运用了欧拉方程、可以克服样本选择偏误的 Heckman 两阶段方法、倾向得分匹配和倍差法（PSM - DID）、多元 Logit 归回模型、双变量 Probit 回归模型、系统 GMM 动态回归模型以及自动分组的门槛模型等。

第五节 本书的创新与研究难点

一、本书的创新

生产率和融资约束是影响企业国际化路径选择的重要因素，也是阻碍企业进入国际市场的两个重要门槛，同时又相互作用，并对企业的国际化行为产生影响。本书的创新在于：

首先，在新新贸易理论的基础上全面分析了生产率在企业国际化选择中的自选择效应和学习效应，而现有文献大都只分析其中一个方面。其中，在通过 K - S 非参检验发现自选择效应的基础上，分析了出口企业通过学习效应等提高生产率、进而促进 OFDI 的现象，丰富了新新贸易理论关于生产率、出口和 OFDI 三者关系的描述。另外，在分析学习效应时，我们选择既出口也对外直接投资的企业为研究样本，既可以分析 OFDI 和出口的学习效应大小，又可避免混淆学习效应的来源。

其次，已有文献关于融资异质性对企业出口影响的研究较多，对 OFDI 影响的研究较少，本书通过《工业企业数据库》和《中国境外投资企业

(机构)名录》匹配，运用多元 Logit 模型同时分析了融资异质性对企业出口和 OFDI 的影响，并进一步分析了行业融资依赖度、地区金融发展水平以及企业规模不同时，外源融资对企业国际化选择影响的不同。

最后，生产率和融资异质性都是影响企业国际化的因素，那二者是缺一不可呢，还是只需要满足一点即可呢？本书从间接效应和门槛效应两个方面分析了生产率和融资异质性对企业国际化影响的相互作用。通过建立二者的交互项发现，融资水平通过生产率效应和技术创新效应可间接提高企业参与国际市场的可能性。同时，通过建立门限回归模型，发现生产率和融资能力互为门槛，只有生产率水平处于一定的区间，融资对出口的促进作用才明显，同样融资能力跨越一定的水平，生产率提高的促进作用更明显。定量分析生产率和融资约束的门槛值，弥补了相关研究文献的不足。

二、研究难点

（一）生产率和融资异质性相互作用对企业国际化影响的机制分析及理论模型的构建

现有文献分别分析生产率和融资约束对企业出口、OFDI 影响的比较多，关于二者的相互关系研究较少。如何在现有理论的基础上梳理二者相互作用对企业国际化影响的理论机制，以及构建相关的理论模型，从而为实证研究提供支持是本书需要突破的地方。

（二）指标构建

1. 融资异质性指标衡量

本书在第三章中具体介绍了融资异质性指标的各种衡量方法，有世界银行调查问卷的方式、单个指标的代理变量来反映内源融资和外源融资的方法，以及综合得分法和指数法两种综合反映企业融资能力的指标。现有文献中还有许多其他衡量融资约束的指标，现在学术界还没有统一的权威的衡量指标。指标选择的多样化也是造成许多研究结果不一致的原因之一，如何选择科学合理的融资异质性指标是研究融资约束对企业国际化选择问题的重点，也是难点。

2. 对外直接投资的衡量

我们采用现阶段研究中国 OFDI 问题普遍采用的方法，通过企业名称将《中国工业企业数据库》和《中国境外投资企业（机构）名录》进行匹配，由于名录中没有公布企业的代码，用名称匹配准确度可能有所降低。另外，通过匹配我们只能得到企业是否进行对外直接投资的数据，无法获得其具体的对外直接投资数额，因此，我们在具体的实证研究中只能运用离散选择模型来检验生产率和融资异质性对企业是否对外投资的影响，而无法具体分析二者对对外投资规模产生的影响。

（三）数据问题

我们主要用到《工业企业数据库》，数据库中许多变量存在缺失值，在具体研究中我们适当地给与了删减。但数据库中变量统计的连续性存在很多问题，2003—2007 年的数据统计基本一致，2008 年和 2009 年的数据则缺少很多变量的统计，比如计算全要素生产率需要的工业增加值和中间品投入等，以及代表创新水平的研发投入等。2010—2013 年的数据也缺少工业增加值及研发等变量的统计，因此，我们在重点考察生产率对企业影响时就不能使用较新的数据，只能使用 2007 年之前的数据。而中国对外直接投资在 2006 年之后才呈现比较快的增长，这将对我们的研究产生了一定的影响。

第二章　文献综述

第一节　传统贸易理论和新贸易理论

当社会经济发展处于“重商主义”时期时，强调贸易顺差对国家财富增加的促进作用，并认为贸易逆差不利于财富的积累。后来，亚当·斯密在其著作《国民财富的性质和原因的研究》（简称《国富论》）中对重商主义的观点进行了批判，并提出了“绝对优势”理论，之后大卫·李嘉图提出“相对比较优势理论”，二者被称为古典贸易理论。随着国际贸易形势的不断变化，贸易理论也不断改进完善，依次出现新古典贸易理论、新贸易理论，以及最近流行的新新贸易理论。其中，新新贸易理论开创了企业异质性假定的研究，而之前的贸易理论都是建立在企业同质性假设基础之上的。

一、古典贸易理论

亚当·斯密在《国富论》中提出劳动者可以通过熟练劳动提高专业技能，因此社会分工可以提高劳动生产率。当这种分工理论应用到国家层面时，就出现了“绝对优势理论”，即自由贸易理论的开端。该理论认为国家之间发生贸易的依据是国家间生产技术的绝对差异，一国应该专业化生产并出口其具有绝对优势的产品，而进口其具有绝对劣势的产品，这样两个国家的福利都是提高的，能够实现双赢。但如果一个国家在两种产品上都比另一个国家有生产优势，而此时两国之间还会有国际贸易的发生，绝对优势理论不能给出很好的解释。大卫·李嘉图提出的“相对比较优势理论”很好地对这一现象给出了解释。他认为，国家间的贸易不是由绝对优势决定的，而是由相对优势决定的，“两利相权取其重，两害相权取其轻”，一国应专业化生产并出口其具有相对比较优势的产品。

古典贸易理论强调了生产率差异对国际贸易的影响，并认为这种差异是国家间要素禀赋等先天因素决定的，忽略了其他造成生产率差异的更本质因素。

二、新古典贸易理论

新古典贸易理论是在改进古典贸易理论的基础上发展而来的，使其中的一些假设与现实更加吻合。首先加入投入要素的分析，通过对李嘉图理论关于边际成本不变假设的改变，得到一个国家的生产可能性曲线，进而分别考虑封闭条件下生产者和消费者均衡以及整个经济社会的均衡，两个国家在封闭条件下相对价格不同就可以产生贸易，而相对价格的不同是由要素禀赋不同引起的。新古典贸易理论具有代表性的是赫克歇尔·俄林（H－O）理论，该理论认为消费者需求及要素禀赋是决定一国贸易的关键，即使两个国家的技术不存在绝对的或相对的差异，贸易仍然可以发生：一国应该出口密集使用其相对丰裕要素生产的产品，而进口密集使用其稀缺要素生产的产品。

H－O 理论认为，贸易会最终引起要素价格均等化，即不同国家之间相同生产要素具有相同的相对和绝对要素价格，进一步斯托尔帕－萨缪尔森定理认为，要素价格的均等化会引起充裕要素的价格上升，稀缺要素的价格下降，进而引起要素所有者收入水平的变化。虽然新古典贸易理论关于古典贸易理论的改进更加合理，但是里昂惕夫之谜的提出，让其对现实的解释能力受到质疑。

三、新贸易理论

理论总是为解释现实而产生的，传统贸易理论通过一系列假设建立的贸易模型可能对当时的产业间贸易给出一定的解释，但随着发达国家间产业内贸易规模的不断扩大，新的能解释这种贸易现象的理论就应运而生了，即新贸易理论。新贸易理论放宽了传统理论完全竞争、规模报酬不变、产品都是同质的等基本假设，开始分析不完全竞争模型，并认为规模报酬是低增长的，产品之间是存在差异的，从而推动了国际贸易理论的进一步发展。

迪克西特和斯蒂格利茨通过建立 D－S 模型，分析了不完全竞争市场结构下，规模经济的作用，以及由此带来的无法满足消费者需求多样化的问题。克鲁格曼将其运用到国际贸易领域，并认为国际贸易产生的原因是内部规模经济和外部规模经济的存在。当存在规模经济时，企业大规模生产可以降低生产成本，获得比较优势，从而一国可以专业化生产并出口这种产品，而国家间的贸易又满足了消费者产品多样化的需求，解决了迪克西特提出的两难问题。

第二节 传统对外直接投资理论

早期的对外直接投资主体主要是发达国家，因此，对外投资理论也是从发达国家的情况出发的，代表性的有垄断优势理论、产品生命周期理论、内部化理论、边际产业扩张理论、国际生产折衷理论等，后来随着发展中国家对外投资规模的不断扩大，产生了小规模技术理论和技术地方化理论等新的理论，虽然研究主体发生了变化，但这些对外投资理论都是从宏观角度出发研究对外投资动因的。新新贸易理论开创了从企业异质性角度考虑企业对外投资行为的新视角。

一、发达国家对外直接投资理论

（一）垄断优势理论

垄断优势理论是海默（1960）在其博士论文中解释跨国公司对外投资动因时提出的，前提是市场是不完全竞争的，研究对象主要是发达国家的跨国公司。当大的跨国公司在技术、资金或是规模上存在垄断优势时，可以对其他国家进行直接投资，不具备垄断优势的企业不能对外直接投资。之后的学者在其基础上就垄断优势的来源进行了广泛分析。垄断优势理论为研究企业对外直接投资提供了新的思路，并对美国企业大规模的投资行为给出了合理的解释，但该理论不具有普遍意义，缺乏动态分析，无法解释发展中国家的对外投资，且无法解释具有垄断优势的企业为什么选择投资而非贸易的方式参与国际市场。

（二）产品生命周期理论

产品生命周期理论是由弗农（1966）在《产品周期中的国际投资和国

际贸易》一文中提出的。产品的生命周期可以分为研发阶段、成熟阶段和标准化阶段，不同生产阶段的侧重点不同，因而发展战略和生产区位选择也不同。产品的研发阶段主要发生在研究水平较高，研发资金充足的发达国家，此时发达国家有垄断优势，产品的替代品很少，因此主要是通过出口的方式进行；在产品的成熟阶段，生产技术日趋成熟，随着产品规模的扩大，技术溢出作用使创新国的垄断优势减弱，此时应该向发展水平类似的发达国家外直接投资，一方面绕开贸易壁垒，另一方面可以控制成本；最后进入标准化阶段，产品的技术优势完全丧失，此时创新国会向发展中国家进行直接投资，利用其丰富的劳动力资源，降低产品的生产成本。

（三）内部化理论

内部化理论可以追溯到科斯（1937）关于交易成本及企业边界的界定，交易成本的增加会促使企业内部市场替代外部市场。系统的内部化理论是由巴克莱和卡森（1976）和拉格曼（1981）提出的，认为跨国公司为克服市场不完全造成的技术溢出以及交易成为过高的问题，通过对外直接投资，将外部市场变成内部市场，进行一体化经营。该理论很好地解释了二战以来跨国公司规模的迅速扩张，更接近现实，但缺乏对外部因素对企业投资影响的分析。

（四）边际产业扩张理论

针对20世纪60年代日本对外直接投资呈现出的异于美国对外投资的现象，日本学者小岛清提出了边际产业扩张理论，主要用来解释发达国家对发展中国家的投资。该理论认为，一国应该将在国内失去或即将失去比较优势但在其他国家仍具有比较优势的产业转移出去，与大企业相比中小企业可能与当地的技术更相近，更容易被接受，因此，边际产业扩张理论可以解释日本大规模的中小企业对外投资的现象，并且为我国企业的对外直接投资活动提供借鉴。

（五）国际生产折衷理论

邓宁（1981）是国际投资理论的集大成者，其提出的国际生产折衷理论借鉴了垄断优势理论关于投资动因的分析以及内部化理论关于投资决策的分析，试图从所有权优势、内部化优势及区位优势三个方面全面探讨对外直接投资的动因、方向和决策问题。所有权优势包括垄断优势、规模优势、组织管理优势及跨国经营优势等。内部化优势主要表现在对交易成本的减少方面。区位优势在于分析企业的选址问题，该优势主要包括要素禀赋情况、基础设施是否完善、交通运输是否便捷、政治环境是否稳定等。邓宁对企业的国际化方式选择也进行了分析，只有企业同时具备三种优势时才会对外直接投资，当具备所有权和内部化优势时，企业会通过出口的方式参与国际市场，当企业只具备所有权优势时，会选择技术转让的方式。

二、发展中国家对外直接投资理论

发展中国家对外直接投资规模的不断扩大，引起了学者们的广泛关注和研究，并提出了一系列针对发展中国家的投资理论，主要包括小规模技术理论和技术地方化理论。

（一）小规模技术理论

刘易斯·威尔斯（1983）开创性地提出了研究发展中国家对外投资活动的“小规模技术理论”，认为发展中国家拥有的技术具有成本低、灵活性好以及劳动密集型的特点，比发达国家的技术更加适应技术落后的发展中国家。小规模技术理论继承了产品周期理论的思想，是发展中国家将成熟的技术转移到发展水平更低的发展中国家。虽然该理论解释了发展中国家对发展中国家投资规模的增加，但无法解释发展中国家对发达国际投资规模的增加。

（二）技术地方化理论

拉奥（1983）通过对印度跨国公司的对外投资活动进行分析，提出了技术地方化理论。该理论强调发展中国家对发达国家溢出的技术具有消化吸收改进的过程，通过结合当地的经济特点和需求情况，为技术赋予特定的优势及新的活力，从而使企业在当地市场和相邻的国家具有竞争优势。与小规模技术理论相比，更加注重技术的升级，为发展中国家以自身的比较优势参与国际市场竞争提供了分析思路。

还有的学者提出“技术创新产业升级理论”等针对发展中国家投资的相关理论，但基本思想都是发展中国家要通过不同的途径实现自身技术的升级从而提高参与国际市场的竞争力，并寻求自身技术容易发挥优势的地区进行投资。

第三节　新新贸易理论与国际化选择

以上两节分别介绍了传统的国际贸易理论、新贸易理论和投资理论，其中国际贸易理论依次介绍了由于绝对优势、比较优势、禀赋优势及规模经济的存在而引起的国家间国际贸易的发生。对外投资理论也分别描述了由于垄断优势、不同产品周期、交易成本、边际产业以及“三大优势”的存在导致发达国家的跨国公司采取对外直接投资或贸易的方式参与国际市场，发展中国家也由于自身技术的特点积极探寻走出去的优势。“临近－集中”理论从生产成本角度分析了企业选择出口还是选择投资，当贸易壁垒严重且运输成本较高时，选择对外直接投资是有利的，当在海外投资建厂成本较高而运输成本较低时，选择出口是有利的。该理论重点分析了如果企业可以参与国际市场，采取哪种方式是有利的，但没有考虑什么样的企业才可以进入国际市场。

传统跨国公司理论是从国家或行业等宏观层面分析跨国公司的行为，且都是基于代表性厂商假说进行的，即假设所有的企业都是同质无差异的。但现实中，企业是出口和对外投资的主体，并且在生产率、生产规模、所有制性质、融资能力等方面存在很大的差异性，与同质性假说不符。新新贸易理论打破了企业同质性假说，从异质性角度、微观视角分析企业的出口和投资活动，开创了企业国际化行为研究的新阶段。新新贸易理论以 Melitz（2003）和 Antras（2003）为代表，分别描述了该理论的两个方向，第一个方向是企业的国际化路径选择，第二个是企业的内部化选择。本书的研究是在第一个方向基础之上的，因此我们将重点介绍第一个方向。

一、HMY 模型

Melitz（2003）模型是在新贸易理论的基础上加入企业异质性因素及贸易的“冰山成本”形成的。模型的假设条件是，世界由两国组成，每个国家有一个生产部门，劳动是唯一的生产要素、市场是迪克西特垄断竞争模式。企业有固定成本及进入国外市场的成本，企业的异质性主要表现在生产率上，通过建立一般均衡模型，得到不同生产率水平企业的不同选择：生产率最高的企业出口，次之的留在国内市场，最低的退出市场。且产出的重新分配会使生产率高的企业生产率进一步提升，获得重新配置福利。Helpman（2004）在前者的基础上，加入 FDI 选择项，将生产率用于企业国际化行为决策上，因为是 Helpman、Melitz 和 Yeaple 在 2004 年共同提出的，因此又称为 HMY 模型。

（一）模型的基本假设

模型最终结论的得出是建立在一系列假说条件之上的，具体包括：

（1）世界上有多个国家，用劳动这种生产要素生产 N 种异质性产品和一种同质性产品，不同国家的劳动力禀赋不同，工资水平被标准化为 1。

（2）消费者的效用函数为 CES 函数形式，同时消费同质性产品和异质性产品。

（3）企业有几种战略选择，仅服务国内市场、在国内生产的同时部分产品出口到国外，在国内和国外两个市场生产销售，即采取对外直接投资的方式参与国际市场。

（4）企业进入市场需要投入固定成本，若要进行国际活动，则需要支付更高的费用，其中对外投资需要支付的费用大于出口需要支付的费用，出口面临冰山成本。

（二）模型的均衡及结论

在上述假设条件下，首先分析消费者行为，建立包含产品消费数量、消费者偏好的 CES 消费者效用函数，并得到每个国家对某种产品的需求函数。其次，分析企业的定价，根据垄断企业定价的原则分别给出企业服务国内市场、出口和对外直接投资三种情况下的最优定价水平。最后，建立企业的利润函数，得到三条利润曲线，根据利润最大化得到均衡条件。

模型的基本结论：当企业的生产率水平很低时，在国内生产都无法获利，只能退出市场；当企业的生产率水平较低时，在国内生产可以获利，但出口和 OFDI 无法获利，此时企业在国内生产和销售；当企业的生产率水平较高时，企业在国内生产并出口的利润大于对外直接投资，此时企业选择出口；最后当企业的生产率水平最高时，企业选择哪种形式生产都是获利的，但对外直接投资的获利水平最高，此时企业会同时服务国内和国外两个市场。

二、Buch 模型

Buch（2010）在 HMY 模型的基础上加入了融资异质性的问题，对模型进行了理论扩展，也成为研究融资异质性与企业国际化行为的代表性模型。

（一）模型的基本假设

（1）企业在国内生产，可以通过出口和对外直接投资两种方式服务国际市场；

（2）由于企业自身经营特点、所在行业资产的抵押性质以及国家宏观金融体系的发展情况等，企业会面临融资约束问题；

（3）企业的生产率水平与边际成本呈反向变动关系，生产率水平越高，边际成本越低，生产率水平越低，边际成本则越高；

（4）与 HMY 理论相同，企业进行生产需要固定成本，对外直接投资的成本最高，出口的成本次之，国内生产销售的成本最低；

（5）用企业需要外源融资的比率和带来成本的增加衡量企业面临的融资约束水平，需要外源融资的比率越大，以及融资给企业成本带来的增长越大，表示企业的融资能力越差，面临的融资约束越大。

（二）模型的基本结论

模型在消费者效用最大化的基础上，推导出企业不同国际化选择战略下的利润水平，并通过利润水平大于 0，分别得到企业在国内生产、出口和对外直接投资的生产率门槛，然后三个生产率门槛值分别对融资约束水平求偏导，偏导值均大于0。得到模型的基本结论：

（1）企业无论采取哪种方式进行生产，都需要具有一定的生产率水平，只是生产方式不同，生产率门槛不同；

（2）融资约束可以通过提高企业的生产率门槛影响企业的生产战略，面临融资约束问题的企业，需要跨过更高的门槛才能进行生产。

第四节 国内外相关研究

一、生产率异质性与国际化选择

随着新新贸易理论的发展，研究国际合作和生产率关系的焦点从宏观层面转移到微观企业层面，Melitz（2003）提出了完整的贸易和生产率的理论框架，Helpman et al.（2004）进一步将对外投资加入模型，认为只有效率最高的企业才会采用对外直接投资的方式参与国际市场，效率次之的企业则对外出口，效率较差的企业只能留在国内市场，效率最差的企业则退出市场，并形成了“自选择效应”和“学习效应”两条重要的理论依据。

（一）自选择效应

Bernardet al.（BEJK，2003）和Meilize（2003）从生产率异质性角度分析企业出口或非出口问题，开创了新新贸易理论从微观视角对企业国际化路径选择的研究。Helpman et al.（2004）首次将投资加入模型（HMY），分析生产率在企业服务国内市场、出口或对外投资选择中的决定性作用，效率最低的企业将退出市场，效率较低的企业仅服务国内市场，较高的企业通过出口服务国际市场，效率最高的企业进行对外直接投资，即“自选择效应”。Head和Ries（2003）将东道国的要素成本引入HMY模型，并利用日本的企业数据检验发现，投资到低成本国家企业的生产率低于投资到高成本国家企业的生产率。Yeaple（2009）对HMY模型进行了拓展研究，认为企业的国际化经营存在着“啄食顺序”，在有能力进行对外直接投资的企业中，最强势者无论是海外市场的绝对数量还是子公司的规模都远高于普通企业。

实证方面，Arnold（2005）对德国企业的 K－S 检验和分位数回归分析、Girma 和 Kneller（2005）对英国 5332 家企业的随机占优分析、Bogheas 和 Görg（2008）对爱尔兰企业的多项 logit 回归分析以及 Oberhofer（2012）对克罗地亚等欧洲十国的二元 Probit 回归分析都支持了 HMY 假说。但 Damijan（2007）在对斯洛文尼亚企业的实证检验中发现，尽管确实存在出口企业和 OFDI 企业对内销企业的生产率优势，但 OFDI 企业对出口企业的生产率优势并没有统计显著性。Todo（2011）也指出，日本的 FDI 企业的生产效率虽然高于出口企业，但这种优势微乎其微，甚至可以忽略不计。

国内学者用微观数据对该问题的研究主要集中在生产率对出口的影响，并提出“生产率悖论”，即出口企业的生产率并不比非出口企业的生产率高。之后，学者们又分别从出口密度（范剑勇，2013）、加工贸易（戴觅，2014）等方面进行了解释。关于生产率对企业投资和出口决策的影响，田巍等（2012）用浙江省制造业企业对外投资数据研究发现，生产率越高的企业有越大的概率对外直接投资。现有文献尚缺乏关于运用中国微观数据检验企业选择出口和 OFDI 方式参与国际市场时是否满足“自选择效应”的相关论述。

（二）学习效应

1. 出口学习效应

出口企业与非出口企业相比，普遍具有较高的生产率、较大的生产规模以及较高的工资水平，但出口和生产率之间的因果关系仍是比较有争议的话题，企业是生产率达到较高的水平才会出口，还是出口之后生产率得到了提高，前者称为“自选择效应”，得到了学者们的广泛认可，后者称为“学习效应”，并未得到一致的结论，还有许多实证检验不支持学习效应的存在（Yashiro 和 Hirano，2009；Damijan，2010；Ito 和 Lechevalier，2010）。企业的出口学习效应主要通过上下游联系实现。面临不同的文化背景以及产品需求，出口企业比国内企业更有改善产品质量的动力，且在此期间出口企业有获得国外企业技术援助的可能，这都可能会促进出口企业生产率的提高。Biesebroeck（2005）认为，企业出口后向国外消费者和供应商学习，提高了企业生产率。Kimura（2006）运用日本企业层面数据证明了出口企业生产率提高的现象。Loecker（2012）证明了国外消费者的异质性需求以及激烈的国际竞争会使出口企业提高生产率。Kaoru（2015）运用 PSM－DID 分析了日本企业出口对企业绩效的影响，结果发现企业出口之后生产率显著提高。

出口企业面临国内和国外两个市场，更容易形成规模经济，降低生产成本，提高生产率。Bloch（2007）运用新加坡企业层面的数据研究发现，出口导致的规模效应以及固定设备的改进是其生产率提高的主要原因。同时，实现规模经济后，企业的利润空间更大，将会增加企业用于研发的资金，且面临较大的市场需求，出口企业比非出口企业更具有研发动力。Aw（2000）运用中国台湾数据研究发现，出口企业比非出口企业更有可能研发。

企业出口学习效应的效果与出口结构相关，与一般贸易相比，加工贸易主要是利用廉价的劳动力在全球价值链低端生产获取微薄的利润，从上下游企业学习的机会较少，对生产率的提高作用不大。吕大国（2015）研究发现，一般贸易和其他贸易显著促进了全要素生产率的增长，而加工贸易阻碍了全要素生产率的增长。但中国出口贸易采取的是注重数量和规模扩张的粗放式增长，加工贸易占据很大的比重，这也使得中国的对外贸易呈现独特性，是我国企业出口学习效应不显著的重要原因。刘瑞翔（2011）认为，对外开放是我国经济增长的动力，但也是经济粗放式增长的原因。李小平等（2008）研究发现，我国主要行业出口和生产率增长的关系不显著。吕延方（2015）则认为出口对生产率的影响存在门槛效应。包群等（2014）通过引入异质性因果推断，采用匹配倍差法对企业出口与生产率变化进行了细致考察，发现企业出口未能明显提高生产率，相反出现了负向的学习效应。因此，在我国出口方式以加工贸易为主，出口产品附加值低的背景下，研究出口学习效应对调整出口结构，促进产业升级更有意义。

2. OFDI 学习效应

来自新兴经济体的 OFDI 对传统 OLI 理论提出了挑战，因为这些对外投资企业并不具备 Dunning（1996）折衷理论所提出的所有权优势、区位优势以及内部化优势。针对这种现象，技术地方化理论、小规模技术理论和比较所有权优势理论等对其做出了一定的解释。另外，还有一类研究 OFDI 与逆向技术溢出的文献与本书相关，即 OFDI 学习效应。

寻求技术一直被认为是发展中国家对外直接投资的重要动机，对外投资企业可以通过跨国并购、联合开发或直接投资到技术资源丰富的地区等手段提高自身的竞争力，当然，最终的学习效果与企业自身的生产率、学习能力以及技术转移能力有关（Smeets，2011）。与出口企业相比，对外投资企业要在国外市场生存发展，面临更陌生、激烈的市场环境，境外子公司可能会通过以下方式增强竞争力。第一，从当地吸收优秀的人才，为公司注入新鲜血液，从而更好地适应当地市场为母公司服务，且母公司往往需要给子公司提供服务及中间品等，将国内国外两个市场结合，会进一步增强企业在母国及东道国的竞争力（Herzer，2012）。第二，深入了解当地市场，了解消费者的需求以及当地企业的生产技术等。子公司是母公司获得知识、技术、管理能力等各种资源的载体，通过逆向技术溢出可以提高母公司的生产率（Chen et al.，2012）。因此，对外投资企业往往可以获得新的比较优势以及战略资源（Ramamurti，2012）。第三，并购国外先进的企业，尤其是发达国家的企业。中国联想收购 IBM 的个人电脑业务和印度塔塔钢铁成功收购康力斯的行为均加速了它们在全球市场中的学习，提高了自身的比较优势（Deng，2009）。

虽然技术寻求动机被学者们普遍认可，但关于企业 OFDI 学习效果检验的文献还比较少。Barba（2010）运用匹配和倍差法研究发现投资到发达国家的企业生产率得到提高。Hijzen（2011）运用法国企业层面的数据研究发现了 OFDI 对母国生产率的显著促进作用。Edamura et al.（2014）通过实证研究发现中国企业跨国并购对生产率提高有促进作用，但 Bertrand（2012）则发现，由于缺少国际经营经验以及所有权优势，俄罗斯的跨国公司的逆向技术溢出效果不明显。国内文献来看，黄速建（2009）认为中国对外投资的主要目的是学习先进技术。肖慧敏（2014）用 2005—2011 年上市企业的微观数据研究发现中国企业通过对外直接投资显著提升了技术水平。蒋冠宏（2014）运用倍差法检查了企业对外直接投资的生产率效应，发现企业对外投资显著地提高了生产率。

二、融资异质性与国际化选择

与供应国内市场相比，出口企业需要更多的前期支出，包括了解潜在出口市场的获利能力、特定市场的资金投入、产品定制及设立保持国外市场销售网络等的支出。在此基础上，对外投资企业还需支付管理费用、设备等固定资本的投入。因此，OFDI 比出口具有更强烈的外部资金需求。另外，国际化经营还可能面临着更多的风险与不确定性、交易周期更长，从而会进一步加深企业对外部融资的依赖。

（一）融资异质性与出口

出口是一国经济增长的重要因素，因此很多政府致力于促进国际贸易，包括废除贸易壁垒、提供出口引导以及出口信贷支持。促进企业出口的一个有效方式是通过贸易信贷、债务担保和银行贷款补贴等方式增加企业的流动资产（Auboin，2004）。国际贸易中交易通常有180天的付款交付时间，这大大增加出口企业的风险，比如进口者破产而导致合同失效，且与某些国家进行贸易还面临政治风险。许多国家提供贸易信贷帮助出口商应对风险，但这些措施是否可以有效地促进企业出口，取决于流动资产是否在企业出口决策中发挥重大作用。从两个方面可以预期金融因素对出口行为的重要性。首先，发达的金融体系是获得最优资本存量和实现规模经济的前提（Beck，2002）。这将反过来帮助产品获得比较优势和创造国外需求。其次，出口面临巨大的沉没成本，只有拥有足够流动性的企业才能克服这些成本。

新新贸易理论之后，许多研究证明了生产率在企业出口中的重要作用，但最初的研究是建立在企业不存在融资约束的基础之上的。Chaney（2005）首次将融资约束纳入到Melize的企业出口模型，认为融资约束与生产率一样都是企业异质性的来源，融资约束较弱的企业更容易出口。他用静态和动态模型实证检验融资约束对企业出口参与的影响，发现流动资产与出口参与正相关。之后融资约束对企业出口的影响得到了广泛验证。Du和Girma（2007）发现银行贷款的可得与出口规模相关。Bellone（2010）的研究显示融资环境较好的企业更容易出口。Manova（2013）研究发现金融发达的国家更有可能参与出口，且这种影响在金融脆弱部门表现得更明显。信贷约束的企业更不容易出口，如果是出口企业，信贷约束会降低其出口规模。Alvarez（2013）对智利的研究发现，金融发展的改善会促进生产率较高企业出口的概率，且制造业部门中的外资企业对外源融资依赖度较低。李志远和余淼杰（2013）运用中国企业层面数据研究发现信贷约束同生产率一起影响企业出口决策。Muûls（2015）用比利时制造业企业数据研究发现融资约束较低的企业更容易参与出口和进口。Askenazy（2015）认为，融资约束不仅阻碍企业向新市场进行扩张，还会显著降低出口企业的生存率。Feenstra等（2014）则发现较长的运输时间导致出口企业面临更大的融资约束。

Wagner（2013）认为，企业管理者很清楚地意识到信贷约束可以妨碍甚至阻止企业出口。因为出口涉及进入国外市场的额外成本，比如获得目标市场的信息，调整产品满足国外的法律及消费者偏好，编写外文版的产品说明手册，设置销售网络等的成本。这些成本大都需要提前支付，且很大一部分是沉默成本，因此企业需要充分的流动性来支付这些成本，且出口订单往往需要较长的时间来完成，资金回流周期较长。

也有许多实证结果认为，融资能力和出口没有必然的关系或融资能力对出口的影响因企业而异。Biesenbroeck（2005）发现，非洲国家的出口企业和非出口企业具有相同的信贷能力。Stiebale（2011）认为融资约束在企业出口中的作用不明显。Görg et al.（2007）认为，爱尔兰出口补贴政策促进出口企业的出口规模，但不能促进非出口企业出口。Greenaway et al.（2007）发现，与其他企业相比，英国的出口企业并不具有更高的流动资产。Zia（2008）发现巴基斯坦的出口贷款补贴能促进小企业的出口参与。Stiebale（2011）的研究在控制异质性之后，没有证据证明融资约束与出口相关。Minetti和Zhu（2011）运用意大利企业调查数据研究信贷配额与企业出口决定之间的关系，发现在考虑内生性之后，配额受限的企业出口概率比非受限企业低39%，且对外部资金依赖较大的高科技行业的出口规模也严重受到融资约束的限制。

（二）融资异质性与对外直接投资

与出口相比，对外直接投资往往面临更高的固定成本投入，因此金融约束对投资企业更重要，但鲜有文献分析金融摩擦对跨国公司投资的影响。Modigliani和Miller（1958）从理论上研究了融资与投资决策的关系，证明当信贷市场完全竞争时，企业的投资决定与融资无关，仅受投资利润影响。若信贷市场不完全竞争，则内部资金的可得性与投资规模具有相关性。Buch（2008）认为，企业出口（投资）面临生产率和融资约束双层壁垒，融资约束会在生产率的基础上进一步限制企业进入国际市场，且实证发现融资约束对企业的广延边际和集约边际都有影响。Manova（2009）运用中国的企业数据证明，外资企业和合资企业比国内私有企业具有较高的出口收益，且在金融脆弱行业更加明显，该结论暗示了外资为企业提供流动资金克服融资壁垒的重要性。Buch（2014）进一步从理论模型和实证研究两方面证明了融资约束对高生产率企业的影响比低生产率企业的影响更大，因为前者更倾向于海外扩张。Duanmu（2015）发现，容易获得银行信贷的中国民营企业更容易进行海外绿地投资。李磊等（2015）运用中国微观数据研究发现，信贷融资能够显著地促进我国的工业企业“走出去”，融资能力越强的工业企业不仅越有可能发生对外直接投资行为，而且越倾向于进行多次投资以及在多个国家进行投资。

三、生产率、融资异质性与国际化选择

融资约束可以直接影响企业的国际化选择，也可以通过生产率效应和技术创新效应间接影响企业的出口和对外直接投资。

（一）间接影响

1. 生产率效应

生产率异质性是企业是否参与国际市场的决定因素，生产率最高及较高的企业才能以对外直接投资和出口的方式参与国际市场（Melize，2003）。但生产率并不是决定企业是否出口和对外投资的唯一因素，高生产率的企业也可能因为融资能力较低而不能参与国际市场。金融市场普遍存在信息不对称和代理问题等，企业融资成本过高，部分有利可图的投资机会得不到充分的资金支持，从而投资达不到最优，导致资源配置扭曲，生产率降低。融资能力的提高可以促进资本从收益较低、周期较短、安全性好的投资转向收益更高、周期较长但风险相对较大的投资，实现投资收益最大化从而提高生产率。

融资约束被认为是影响生产率的重要因素而受到广泛关注。Rajan（1998）运用宏观数据研究发现，金融发展可以提高生产率。Gatti（2008）运用比利时的微观数据研究发现，企业信贷能力与企业的全要素生产率呈正相关关系。Badia（2009）则发现融资约束显著降低研发部门的生产率。Ayyagari（2010）认为中国正规渠道融资与生产率增长相关。Pratap（2011）运用墨西哥的数据研究发现，金融摩擦可以解释50%以上的生产率下降。Chen（2012）的VAR研究发现金融摩擦可以很好地解释生产率的波动。赵春明（2015）运用中国工业企业数据库研究的结果表明，融资约束显著降低了我国企业的全要素生产率，且对出口企业的约束作用大于非出口企业。

陈诗一（2016）在基于经济理论推导出加总全要素生产率与融资约束结构表达式的基础上，实证分析了融资约束对我国加总全要素生产率的负向影响。

2. 技术创新效应

技术创新是提高生产率的源泉，也是企业国际竞争力不断提升的保障，融资约束对技术创新的影响也能间接影响企业参与国际市场的能力。技术创新往往需要大量研发资金的投入，单靠企业内部资金难以承担，必须有持续稳定的外部资金支持。但由于其具有研发周期较长、不确定性风险大、研究成果外部性、信息不对称、转化成本高等特点，相比普通投资更难以获得信贷支持，更容易面临融资约束。

学者们就融资约束对技术创新的影响进行了大量的研究。Czarnitzki（2006）运用德国中小企业数据研究发现融资约束显著影响企业的研究支出。Benfratello（2008）经验研究发现银行体系的竞争可以促进企业研发投入。Gorodnichenko（2010）发现，融资约束阻碍企业的技术创新和出口，从而阻碍企业接近先进技术的机会，不利于发展中国家的发展。Gorodnichenko和Schnitzer（2010）运用东欧跨国企业数据分析发现，融资约束严重阻碍企业同时进行创新和出口活动。Brown（2012）使用欧洲大样本数据证明，内部融资和外部融资对企业研发活动都非常重要。Chava（2013）运用自然实验方法证明，美国银行业的发展对企业创新活动具有促进作用。樊纲等（2009）编制的金融业市场化指数表明金融发展水平会促进研发投入。张杰（2012）运用大样本微观数据研究发现，融资约束对企业研发投入具有显著抑制效应。马光荣（2014）运用世界银行调查数据研究发现，获得信贷的企业研发概率更高、全要素生产率增长更快。

（二）门槛效应

金融发展与贸易之间可能存在的因果关系在金融危机之前就被发现。Kletzer和Bardhan（1987；Qiu，1999；Beck，2002；Matsuyama，2005）认为，信贷市场的不完全竞争将会反向影响需要更多资金的出口企业。之后该问题被Chaney（2005）引入Melitz（2003）模型，并被Manova（2008）进行检验，发现信贷约束影响出口企业，不同行业不同地区，由于固定成本不同影响不同。Chaney（2005）认为融资约束会影响企业出口，但是否会阻碍以及阻碍的程度取决于企业的生产率和流动资产分布，且融资约束对生产率处于一定范围内的企业出口决策有影响，融资约束对生产率中间的企业影响最大。

2008 年金融危机以后，学者们开始探究融资约束是否是世界贸易规模大幅度下降的原因。Amiti 和 Weinstein（2009）认为贸易融资在日本 1990 年金融危机中非常重要。Chor 和 Manova（2010）发现东道国的金融脆弱部门向美国的出口大规模下降，相反，Levchenko et al.（2010）并未发现出口信贷与英国的进出口有联系，Belgium et al.（2010）认为金融约束对出口企业和国内企业的影响程度一样。学者们关于融资异质性与企业的国际化行为之间的实证检验结果莫衷一是，一方面是由于融资异质性指标的选择具有差异性，不同指标的准确度不同，从而带来了估计结果的差异性。另一方面学者们研究的样本不同，有发达国家样本、发展中国家样本、上市公司样本和非上市公司样本等多种选择。不同样本中的企业在生产率上存在很大异质性，融资约束对不同生产率水平上的企业可能产生不同的影响，生产率较高的大企业承担金融风险的能力要高于小企业。

Buch（2014）认为融资约束对生产率高、规模大的企业影响更大，因为前者参与国际市场的可能性更大。生产率和融资约束作为影响企业出口的两个重要因素，关于二者对出口单独影响的研究很多，但关于二者对出口影响的相互作用的研究较少。因此一系列的相关问题值得探讨，当生产率处于不同水平时，融资能力的提高对出口的影响是否相同？生产率对企业出口的促进作用是否需要一定的融资基础？周守华（2015）运用 2013 年世界银行公布的中国企业调查数据研究发现，企业生态效率与融资约束程度协同作用时对直接出口模式倾向的贡献大于它们各自发挥作用时的贡献值，且良性协同性越强则这种协同效应越大。徐榕（2015）认为企业融资约束和生产率水平对出口决策的影响互为条件，只有当生产率高于某一水平时，融资约束的降低才会对出口决策产生影响。

第五节　本章小结

本章是对本书相关理论和文献的一个综述性分析。首先介绍了古典贸易理论和新贸易理论的基本内容，一国出口贸易依次由绝对优势、比较优势、要素禀赋等国家宏观因素决定，理论假说也由产品同质到产品异质，规模报酬不变到规模经济、完全竞争到不完全竞争，不断地贴近现实。其次依次介绍了垄断竞争理论、内部化理论、产品周期理论、国际生产折衷理论以及技术地方化、小规模技术理论等对外直接投资理论。发达国家跨国公司拥有垄断优势、技术优势、所有权优势等，为降低交易成本而进行投资，发展中国家企业因为技术符合当地发展水平而具有一定的竞争优势。新新贸易理论打破了传统贸易和投资理论代表性厂商的假设，从微观视角考察企业异质性对出口和对外投资的影响，包括生产率异质性和融资异质性等，在 Melitz 模型的基础上学者们进行了一系列改进。

新新贸易理论提出后，国内外学者进行了广泛的验证。我们从三个方面对相关研究进行了梳理，也为第四章、第五章和第六章的实证检验提供了理论基础。首先，分析了生产率与企业国际化的关系，主要包括自选择效应和学习效应。自选择效应是指企业进行跨国活动具有生产率门槛，只有生产率最高的企业才可以“走出去”。学习效应是指企业走出去之后可以通过技术溢出等方式促进自身生产率进一步的提高。学者们的实证研究莫衷一是，还有待进一步的实证研究。其次，分析了融资异质性对企业出口和 OFDI 的影响。关于融资约束对企业出口可能性及出口规模研究的文献比较多，关于融资约束对 OFDI 影响的研究较少。最后，我们提出了生产率和融资能力间相互作用对企业行为的影响，融资能力可以通过生产率效应和技术创新效应间接影响企业的行为，同时二者可能存在门槛关系，只有跨过生产率门槛，融资能力才能发挥作用，也只有跨过融资约束门槛时，生产率提高才有促进作用。这一部分的分析主要是为下文的实证检验提供理论支持并提出相应的假说。

第三章　指标构建与典型特征事实

第一节　生产率测算概述

全要素生产率（Total Factor Productivity，简称 TFP）是内生增长理论对技术进步的衡量指标，是经济增长的源泉，通常是指不能被生产要素投入解释的产出的剩余。学者们对全要素生产率的测算逐渐从国家、行业和地区层面向企业层面发展，测算方法不断改进。随着新新贸易理论关于企业生产率异质性的描述，关于企业层面全要素生产率的测算更是至关重要。全要素生产率代表性的测算方法有以下几种：

一、索洛余值法

Solow（1957）通过构建增长方程首次提出，全要素生产率是指剔除劳动和资本等要素投入的贡献后由技术进步引起的增长。索洛余值法以新古典生产函数为基础，假设规模收益不变且技术进步满足希克斯中性，需要构建生产函数，是典型的参数法。当生产函数为 C－D 生产函数时，具体表达式为：

$$Y_{it} = A\ K_{it}^{\alpha}L_{it}^{\beta} \qquad (\alpha + \beta = 1) \tag{3.1}$$

将方程两边求导构建包含残差的回归方程，得：

$$ln\ Y_{it} = \alpha ln\ K_{it} + \beta ln\ L_{it} + \varepsilon_{it} \tag{3.2}$$

当已知产出及要素投入时，通过估计回归方程可得残差，即全要素生产率。索洛余值法开创了分析经济增长源泉的先河，是内生增长理论的标志，在宏观层面测算生产率得到广泛应用。但其关于规模收益不变及希克斯中性等假设与现实不符，是其存在的明显不足之处。

二、数据包络法（DEA）

数据包络分析是运筹学的研究领域，后来随着应用领域的不断扩大，逐渐被用来衡量某个决策单元的投入规模及技术有效性。数据包络法（Data

Envelope Analysis）衡量全要素生产率是基于 Malmquist 指数法的非参数方法，该方法不仅可以测算总的生产率，还可以将其分为纯技术效率及规模效率。由于其不需要设定生产函数的具体形式，因而可以避免因生产函数设定不同而引起的生产率不同及由此导致的误差。DEA 方法的基本原理是根据多种要素投入及产出确定最优的生产前沿面，然后将每个决策单位的产出投入情况与最优前沿面对比，从而分析其从 t 时期到 t + 1 时期生产率的变化：

$$TFP_{i,t+1} = M_i(x^{t+1}, y^{t+1}; x^t, y^t) = \left[\frac{D_i^t(x^t, y^t)}{D_i^t(x^{t+1}, y^{t+1})} * \frac{D_i^{t+1}(x^t, y^t)}{D_i^{t+1}(x^{t+1}, y^{t+1})}\right]^{1/2} \tag{3.3}$$

DEA 方法不需要设定具体的函数形式既是其优点，也存在不足，因为许多生产函数构建的要求恰恰是反映经济现象的条件，而 DEA 方法将这些条件都忽略了。

三、随机前沿分析法

随机前沿分析方法由 Aigner 等（1977）提出，后来经过不断完善，逐渐形成一种在确定性生产函数的基础上提出具有符合扰动项的随机边界模型。该模型通过估计生产前沿面确定生产者生产率与其差距，并将这种差距分为扰动项和生产率两部分。基本模型可表示为：

$$y_{it} = f(x_{it})\exp(v_{it} - u_{it}) \tag{3.4}$$

其中y_{it}表示产出，x_{it}表示生产过程中的要素投入，v_{it}为随机扰动项。模型的基本含义是由于受到技术非效率和随机扰动项的影响，生产者的生产投入达不到最优的前沿面，但随机扰动项的均值为 0，因此技术效率可以表示为：

$$TE = \frac{E[f(x)\exp(v-u)]}{E[f(x)\exp(v-u) \mid u=0]} = \exp(-u_{it}) \tag{3.5}$$

随机前沿方法考虑随机扰动项对产出的影响并以准确回归为基础，得到了学者们的广泛应用和发展，在随机前沿方法中进一步加入其他的影响因素，同时也将生产率的分解从两因素到四因素。随机前沿方法相对于 DEA 方法具有更好的适应性和稳健性，对分析我国地区、行业的经济发展方面呈现了比较明显的优势。

四、半参数估计法

以上三种方法多是针对宏观层面的生产率测算，对全要素生产率的估计除了参数和非参数方法，还有一种方法既考虑到设定生产函数存在的内生性等问题，也避免非参数方法对经济现象的疏漏，即半参数估计方法。半参数估计方法代表性的有 Levinsohn 和 Petrin（2003）的 LP 法以及 Olley 以及 Pakes（1996）的 OP 法，主要是针对微观企业生产率的测算。为了避免由于生产率与投入要素之间的相关性导致的生产函数系数估计偏误，LP 法以企业中间投入作为不可观测的生产率代理变量，OP 法用企业的投资作为企业生产率的代理变量，有效地克服企业要素投入的内生性以及传统估计方法中普遍存在的同步偏差问题和选择偏差问题，逐渐成为测量企业层面全要素生产率的主要方法。其中 OP 方法的基本原理：

首先，资本的基本表达式为：$K_{it+1}=(1-\sigma)K_{it}+I_{it}$，其中 I 表示投资，而投资与当期的生产有关，因此 $ln\ I_{it}=I_t$（ω，$ln\ K_{it}$），其中 ω 是可以观测的能对投资产生影响的冲击，设 h（）$=I^{-1}$（），则 $\omega=h$（$ln\ I_{it,}\ ln\ K_{it}$），因此回归方程可以变成：

$$v_t=\beta_0+\beta_1K_{it}+\beta_2L_{it}+h(I_{it},\ K_{it})+\beta_3m_{it}+\eta_{it} \tag{3.6}$$

$$=\beta_0+\beta_1L_{it}+\varphi(I_{it},\ K_{it})+\beta_2m_{it}+\eta_{it} \tag{3.7}$$

$$\varphi(I_{it},\ K_{it})=\beta_0+\gamma K_{it}+\varrho(\varphi_{t-1}-\gamma_kK_{t-1})+\mu_{it} \tag{3.8}$$

其中I_{it}表示投资，具体回归中我们以工业增加值为产出变量，资本密集度为状态变量，投资为代理变量，从业人员和中间品投入为自由变量。

LP 法的回归方程为：

$$v_t=\alpha_0+\alpha_1L_t+\alpha_kK_t+w_t+\eta_t=\alpha_1L_t+\varphi_t(K_t,\ m_t)+\eta_t \tag{3.9}$$

其中$\varphi_k(k_t,\ m_t)=\alpha_0+\alpha_kK_t+w_t(k_t,\ m_t)$，t 表示年份，$v_t$表示增加值，$L_t$、$K_t$、$m_t$分别表示劳动投入、资本投入和中间投入，计算过程中资本变量选择固定资产值，代理变量选择工业中间投入，产出变量采用工业增加值。与 OP 方法相比，LP 方法采用中间品投入作为代理变量，比投资更容易获得，在工业企业数据库中有直接给出中间品投入的数值，而投资数据需要根据已有数据进行估算，所以 LP 方法更灵活使用更方便。在我们接下来关于生产率的计算中，在分析生产率对企业国际化影响时同时运用 OP 和 LP 方法进行测算，在文章其他部分主要是采用 LP 方法进行测算。

运用 2003—2007 年微观企业数据并通过 OP 和 LP 方法计算得到的生产率的对数的基本特征如下表，用两种方法测算的企业生产率的均值、标准差、最大值、最小值等统计特征基本一致，从生产率的均值水平看，外资企业的生产率水平最高，私营企业的次之，国有企业的最低。关于不同所有制企业的生产率分布情况我们将在门槛效应检验部分进行具体介绍。

表 3.1　OP 方法测算的企业全要素生产率

	观测数	平均值	标准差	最小值	最大值
总体样本	1306488	6.549941	1.156303	-3.61145	14.98104
国有企业	71990	5.991914	1.71761	-3.61145	14.10752
私营企业	610642	6.427339	0.985737	-2.663814	12.50086
外资企业	269681	6.826647	1.190097	-3.285879	14.98104

表 3.2　IP 方法测算的企业全要素生产率

	观测数	平均值	标准差	最小值	最大值
总体样本	1306488	6.374752	1.1435	-3.866971	14.78385
国有企业	71990	5.798251	1.693132	-3.866971	13.72012
私营企业	610642	6.260967	0.9786784	-2.873715	12.27694
外资企业	269681	6.642348	1.174262	-3.52933	14.78385

第二节　融资异质性指标构建及分析

Melitz（2003）的生产率异质性模型确立了对微观企业研究的基本框架，通过将融资约束纳入到这一框架，学者们开始关注企业在融资约束方面的异质性。所谓融资约束，是指由于资本市场的信息不对称、交易成本以及代理成本等，导致企业的外部融资成本高于内部融资成本，且外部融资需求往往不能得到完全满足，此时企业就受到了融资约束。中国是世界上融资约束最严重的国家之一（Claessens，2006），融资约束问题已成为制约经济转型和升级的重要瓶颈之一（邓可斌，2014）。

我国金融体系不发达导致的融资约束问题是普遍存在的，但不同企业间的融资约束问题是相对的，企业自身所有制、企业规模以及所在行业等特点，导致企业所面临的融资约束也呈现很大的差异性。首先，由于中国金融体系相对滞后，以国有银行为主的信贷体系存在严重的所有制歧视，信贷资源分布不均，大部分资金流向国有企业、规模较大的企业，政企关联是影响企业融资的重要因素，民营企业及中小企业往往难以获得信贷支持。其次，不同行业对外融资依赖度不同，那些建设周期较长、投资规模较大、技术复杂度较高的行业往往对外部资金依赖较大，各行业对外部资金需求的差异性及依赖度的差异性都将影响行业中企业的融资情况。最后，融资约束也是影响企业参与国际市场的重要因素，Greenaway（2007）运用英国企业数据、Muûls（2008）运用比利时样本、Minetti（2011）利用意大利的企业数据、Li（2009）和 Manova（2009）利用中国数据均得到了融资约束影响企业出口的结论，受融资约束较小的企业表现出更好的出口能力。Buch（2014）、李磊（2015）等实证发现，企业的融资能力越强，对外直接投资的概率就越大。那出口和 OFDI 企业是否具有更高的融资能力呢？

合理构建融资约束指标是研究融资约束的重点和难点，现有文献运用各种不同的方法对融资约束进行了衡量，但鲜有文献同时运用多种方法全面分析中国企业的融资约束情况，因此，我们将从以下几个方面对企业所面临的融资约束进行描述：首先，运用世界银行调查数据对企业融资难易程度情况进行分析；其次，在梳理投资现金流敏感度方法的基础上，运用欧拉方程检验企业的融资约束情况；最后，构建融资约束的综合指标，并进一步分析企业融资约束的异质性。

一、世界银行调查数据

世界银行 2005 和 2012 年中国企业投资环境调查数据是学者们研究融资问题的重要来源之一。项松林（2013）、邵敏（2013）和盛丹（2013）分别用 2005 年的报告数据来分析融资约束对出口、员工收入及企业融资成本的影响，张中元（2015）用 2012 年的报告数据研究企业融资约束对出口的影响。2012 年中国投资环境调查数据，涵盖了中国 2700 家私营企业和 148 家国有企业的样本，以调查问卷的形式对企业的基本财务信息、基础设施、供求关系、竞争能力、技术创新、融资约束等内容进行了介绍。我们将重点针对其中的融资约束问题进行分析。

首先，调查问卷中包含企业融资难易程度（access to finance）的变量，该变量共5个取值：0、1、2、3、4，取值越大表明企业融资面临的困难越大，0表示企业融资无困难，4则表示企业融资非常困难。表3.3给出了企业融资约束的统计分布，从企业性质来看，国有企业大部分没有获取金融资源的困难，且比私营企业更容易获得金融资源；从企业规模来看，非常容易获得金融资源的企业比例基本一致，但规模较小的企业中融资约束非常厉害的企业比率高于规模较大的企业；从企业所在行业来看，各行业均有较大比例的企业没有融资约束，但制造业有较高比例的企业难以获得金融资源。

表3.3 企业融资难易程度情况分析

融资约束		企业性质		企业规模			所属行业		
		国企	私营	小	中	大	制造业	零售业	服务业
0	数量	77	1157	455	429	350	731	65	438
	占比（%）	52.03	42.85	44.26	42.81	42.79	42.33	39.16	45.86
1	数量	45	989	381	367	286	641	69	324
	占比（%）	30.41	36.63	37.06	36.63	34.96	37.12	41.57	33.93
2	数量	20	409	149	147	133	267	29	135
	占比（%）	13.51	15.15	14.49	14.67	16.26	15.46	17.47	14.14
3	数量	3	99	23	43	36	62	2	38
	占比（%）	2.03	3.67	2.24	4.29	4.40	3.59	1.2	3.98
4	数量	0	18	3	8	7	12	0	6
	占比（%）	0.00	0.67	0.29	0.80	0.86	0.69	0.00	0.63

数据来源：作者根据世界银行2012投资环境调查数据整理而得。

其次，调查问卷中设置了“企业是否申请借贷”和“企业未申请借贷的理由”两个问题来反映企业的融资约束情况。其中，企业提出贷款申请后，有获得审批（A）和未获得审批（B）两个结果。企业未申请借贷的理由包括7个方面：拥有足够的资金，不需要借贷（C）；申请程序复杂（D）；利率水平较高（E）；抵押要求太高（F）；贷款时间和规模不足（G）；认为不能获得审批（H）；其他原因（I）。企业申请并获得批准和资金充足未申请贷款表明企业不受融资约束，其余情况则表明企业面临融资约束问题。

表 3.4　企业申请贷款情况分析

融资约束		企业性质		企业规模			所属行业		
		国企	私营	小	中	大	制造业	零售业	服务业
A	数量	35	609	139	242	263	428	16	200
	占比（%）	23.65	22.56	13.52	24.15	32.15	24.78	9.64	20.94
B	数量	1	33	13	14	7	28	0	6
	占比（%）	0.00	1.22	1.26	1.40	0.86	1.62	0.00	0.63
C	数量	73	1097	448	396	326	691	73	406
	占比（%）	49.32	40.63	43.58	39.52	39.85	40.01	43.98	42.51
D	数量	10	212	114	68	40	95	22	105
	占比（%）	6.76	7.85	11.09	6.79	4.89	5.50	13.25	10.99
E	数量	6	190	53	85	58	130	7	59
	占比（%）	4.05	7.04	5.16	8.48	7.09	7.53	4.22	6.18
F	数量	7	163	73	66	31	112	18	40
	占比（%）	4.73	6.04	7.10	6.59	3.79	6.49	10.84	4.19
G	数量	4	126	76	40	14	77	15	38
	占比（%）	2.70	4.67	7.39	3.99	1.71	4.46	9.04	3.98
H	数量	5	82	51	26	10	50	12	25
	占比（%）	3.38	3.04	4.96	2.59	1.22	2.90	7.23	2.62
I	数量	1	30	10	11	10	16	1	14
	占比（%）	0.68	1.11	0.97	1.10	1.22	0.93	0.60	1.47

数据来源：作者根据世界银行 2012 投资环境调查数据整理而得。

从表 3.4 可以看出，企业融资约束存在明显的所有权、规模和行业差异。具体地，申请贷款并获得批准的企业中，国有企业、大型企业和制造业所占的比率较大，小规模企业和零售业所占比率较小。国有企业和零售业基本不存在申请贷款但未获得批准的情况，中小规模企业和制造业企业申请贷款但未获得批准的概率较大。企业未申请贷款的原因主要是资金充足不需要贷款，国有企业比例更是达到 49.32%。因申请程序太复杂而未申请贷款的企业中，私营企业、小规模企业和零售业企业所占比例较高。因利率较高而未申请贷款的企业主要有私营企业、中等规模企业和制造业企业。因抵押贷款要求太高而未申请贷款的企业主要是私营企业、小规模企业和零售业企业。因贷款时间和规模不足而未申请贷款的主要包括私营企业、小规模企业和零售业企业。认为不能获得审批而未申请贷款的主要是国有企业、小规模企业和零售业企业。因其他原因而未申请贷款的企业所占比例较少。

二、现金流敏感度

在资本市场完全竞争的条件下，内部资金和外部资金应该是完全相互替代的（Modigliani，1958）。因此，内部资金不影响企业的投资决策。Fazzari（1988）首先提出用投资现金流敏感度来衡量融资约束，他认为当企业面临融资约束时，企业会过度依赖自有资金，因此对现金流波动非常敏感，反之则对现金流波动不敏感。现金流敏感度方法提出后得到了广泛的应用，并在实证中形成销售加速模型、托宾 Q 模型和欧拉方程三个主要的模型。

（一）模型发展

1. 销售加速数模型

Abel（1986）提出销售加速模型，认为企业投资受销售收入和内部现金流的影响，

$$\left(\frac{I}{K}\right)_{it} = \alpha_0 + \alpha_1\left(\frac{S_k}{K}\right) + \alpha_2\left(\frac{S_k}{K}\right)_{it-1} + \alpha_3\left(\frac{CF}{K}\right)_{it} + \varepsilon_{it} \tag{3.10}$$

I、K、S、CF 分别表示投资、资本、销售收入和现金流，系数α_3表示投资和现金流的相关关系，反映融资约束的情况，系数越大表明融资约束越大。后来研究普遍认为用α_3来表示融资约束不充分，系数较大可能表示企业未来有更高的盈利能力。

2. 托宾 Q 模型

该模型是 Fazzari（1988）在实证检验中首次提出的，在资本市场部完美且存在融资约束的情况下，企业投资模型的具体形式为：

$$\left(\frac{I}{K}\right)_{it} = \alpha_0 + \alpha_1 Q_{it} + \alpha_2\left(\frac{CF}{K}\right)_{it} + \varepsilon_{it} \tag{3.11}$$

Q 表示托宾 Q 值，企业的市场价值与重置价值的比值，表示未来增长预期对投资的影响。将融资约束与未来增长预期对企业投资的影响区分开来，

解决了销售加速模型的不足。系数α_2表示融资约束，系数越大表明投资越依赖内部现金流，则融资约束越大。

3. 欧拉方程

该模型是由 Abel（1980）最早提出的，后经 Harrison（2003）进一步发展，在文献中得到广泛应用。欧拉模型实际是考虑企业的跨期投资决策问题，以最大化净现金流贴现值为目标，保证未来投资和当期投资的边际成本相等，且投资受到外部融资的约束。在考虑成本调整函数及利润函数后，最终得到以下模型：

$$\left(\frac{I}{K}\right)_{t+1} = C + \beta_1\left(\frac{I}{K}\right)_t + \beta_2\left(\frac{I}{K}\right)_t^2 + \beta_3\left(\frac{Y}{K}\right)_t + \beta_4\left(\frac{CF}{K}\right)_t + \varepsilon_t \tag{3.12}$$

同样，系数β_4用来衡量融资约束，系数越大表明融资约束越大。欧拉方程克服了托宾 Q 模型的不足，从而被大量应用。

（二）实证检验

1. 模型建立

我们采用工业企业数据而非上市公司数据，托宾 Q 值等不可得，所以采用欧拉方程。由于根据投资与现金流之间的关系来判断企业是否存在融资约束并不足信（Harrison，2003），我们参考盛丹（2014）的做法，在模型中加入负债资产比，来衡量融资约束，具体模型如下：

$$\left(\frac{I}{K}\right)_{t+1} = C + \beta_1\left(\frac{I}{K}\right)_t + \beta_2\left(\frac{I}{K}\right)_t^2 + \beta_3\left(\frac{Y}{K}\right)_t + \beta_4\left(\frac{CF}{K}\right)_t + \beta_5 debt_t + \varepsilon_t \tag{3.13}$$

负债资产比较高的企业，往往流动资金较少，缺乏足够的抵押资产，具有较低的借款能力，因而面临更强的融资约束，倾向于推迟投资。模型中若 debt 的系数为正，表明企业当期的负债比与下一期的投资正相关，则表明企业面临融资约束。为检验出口企业和 OFDI 企业与国内企业相比是否面临融资约束差异，我们在模型中加入 EX 和 OFDI 两个虚拟变量与负债资产比的交互项来衡量，若交互项系数为负，表明出口（OFDI）企业的融资约束更低。同时，为检验融资约束的不同所有制和不同规模企业间的差异，我们也分别加入了企业所有制虚拟变量和规模虚拟变量与负债资产比的交互项。

2. 指标选取和数据来源

本书所采用的数据来源于工业企业数据库和境外投资企业名录合并所得

的数据。其中工业企业数据库包含了全部国有企业及规模以上非国有企业的基本信息，境外投资企业名录包含了对外直接投资企业的名称、目的国、经营范围等信息，我们删除了遗漏重要变量、雇员人数在10人以下的企业。

I/K 表示企业投资与资本存量的比值，*Y/K* 表示企业的销售总值与资本存量的比值，*CF/K* 表示利润总额与资本存量的比值，*debt* 表示企业总负债与资本存量的比值。其中，投资用当年与上一年的固定资产原价合计之差加上本年折旧计算，2008年、2009年和2010年的“本年折旧”数据缺失，我们用2007年和2011年的折旧率的平均值作为其折旧率进行估算，资本用固定资产表示。

3. 结果分析

由于遗漏变量和双向因果等问题使模型可能存在内生性问题，而解释变量含被解释变量的滞后一期，我们采用可以采用系统GMM方法估计，从而有效地控制内生性。首先我们对基础模型进行回归，然后我们分别以虚拟变量的形式，在模型中加入出口（ex）、对外直接投资（ofdi）、国有企业（soes）、外资企业（fies）、私营企业（pes）和制造业（mes）的虚拟变量与负债资产比的交互项，来检验企业融资约束方面是否存在异质性，具体结果如下：

表3.5　欧拉方程回归结果

	(1) 初始	(2) 出口	(3) OFDI	(4) 所有制	(5) 制造业
$\frac{I}{K}$	0.610*** (41.67)	0.270*** (53.19)	0.610*** (41.69)	0.611*** (158.75)	0.241*** (47.72)
$\left(\frac{I}{K}\right)^2$	0.000*** (42.87)	0.000*** (96.91)	0.000 (42.87)	0.000*** (214.24)	0.000*** (96.41)
$\frac{Y}{K}$	0.025*** (30.97)	0.034*** (61.33)	0.025*** (30.97)	0.025*** (76.09)	0.017*** (23.08)
$\frac{CF}{K}$	0.022 (0.81)	-0.031*** (-5.33)	0.022 (0.81)	-0.054*** (-10.72)	-0.017*** (-2.92)
Debt	0.047*** (7.20)	0.215*** (9.47)	0.048*** (7.21)	0.057*** (36.31)	0.086*** (5.03)

续表

	(1) 初始	(2) 出口	(3) OFDI	(4) 所有制	(5) 制造业
Debt × EX		-0.205*** (-8.98)			
Debt × ofdi			-0.069*** (-8.63)		
Debt × soes				-0.025*** (2.60)	
Debt × fies				-0.015*** (-4.89)	
Debt × pes				0.015*** (5.10)	
Debt × mes					0.184*** (34.44)
C	-1.174*** (-15.27)	-1.265*** (-9.99)	-1.172*** (-15.26)	-1.374*** (-18.37)	-10.895*** (-3.40)
Sargan 检验	0.6208	0.5735	0.6215	0.5009	0.2654
AR (1) p值	0.0630	0.0635	0.0630	0.0577	0.0415
AR (2) p值	0.7050	0.5548	0.7041	0.7050	0.1430

注：***、**、*分别表示在1%、5%和10%的显著性水平下显著。

过度识别检验（Sargan）的结果显示接受“所有工具变量都有效”的原假设；AR（1）p值和AR（2）p值表明扰动项的差分存在一阶自相关，但不存在二阶自相关，接受“扰动项无自相关”的假设，因此回归模型可以使用系统GMM方法估计。

初始回归结果显示负债资产比的系数显著为正，说明企业的负债率与下期投资呈正相关关系，即企业普遍存在融资约束。出口和OFDI与负债资产比的交互项系数为负，表明出口和OFDI企业面临的融资约束较低。如同企业参与国际市场需要跨过生产率门槛，企业出口或对外投资也有融资约束门槛，只有跨过门槛的企业才有能力参与国际市场。海外市场面临更多不确定性，以及更加激烈的竞争，需要支付更多沉没成本，因而对外部融资更加依赖。与此同时，出口和对外投资企业可以给银行传递竞争力较强的信号，进一步提高获得银行信贷的能力，从而使其表现出更强的融资能力。

有关企业融资约束的所有制异质性检验结果（4）显示，国有企业和外资企业与负债资产比交互项的系数为负，民营企业与负债资产比交互项的系数为正，表明国有企业和外资企业面临的融资约束较低，而民营企业面临的融资约束较强，这与世界银行关于75%民营企业将融资约束作为发展主要障碍的观点一致。检验结果（5）显示制造业和负债资产比交互项的系数为正，表明制造业企业面临较强的融资约束。因为制造业企业前期需要投入大量的资金购买固定资产、设备等，很少企业能靠自身的现金流实现，往往需要依靠外部融资。

三、融资异质性代理指标

由于企业的融资约束情况不能直接观察，因此实证研究大都采用代理指标来反映企业的融资约束。根据融资顺序理论（Pecking Order Theory），企业融资遵循先内源融资再外源融资的顺序，不同的融资渠道有不同的代理指标。

（一）指标介绍

1. 内源融资

内源融资是指企业通过自身的积累及内部流动性所能提供的融资，现金流和流动性约束是衡量内源融资约束常用的两个指标。现金流作为融资约束指标被广泛使用（Campa，2002；Manole，2010）是因为根据融资顺序理论，在面临融资约束时，企业会首先选择内部融资，所以现金流可以第一时间反映企业的融资情况，且现金流可以影响企业的经营活动，从而很好地反映企业经营活动中受到的约束（Chen，2011）。流动性比率指流动资产减去流动负债与总资产的比，流动性比率越大，表明企业的短期偿债能力越大。Greenaway（2007）等用流动性比率来反映企业的融资约束情况。但流动性混合了改善和恶化企业筹资能力的因素且包含企业无法自由支配的应收账款等，可能会高估企业面临的融资约束。

2. 外源融资

银行信贷是企业的主要外源融资方式，且由于金融市场发展不完善，信贷存在明显的所有制和规模歧视，信贷约束是企业面临的主要融资问题。利息支出是衡量信贷约束的一个常见指标，利息支出越多表明企业越容易获得银行贷款，面临的融资约束就越小。Li（2009）以及 Feenstra et al.（2011）直接使用利息支出指标，孙灵燕和李荣林（2011）使用利息支出与固定资产的比重表示，文磊（2015）则分别使用利息支出与现金流的比值、利息支出与固定资产的比值来衡量融资约束。负债率又叫杠杆率，是衡量外源融资约束的另一常用指标。负债率是银行贷款参考的重要指标，且能体现企业的净资产水平以及经营情况。高负债的企业将面临更高的融资成本或有限的融资渠道，因为过去它们已经获得很大的融资支持（Bellone，2010；Stiebale，2011）。

3. 商业信用

商业信用是通过企业间的赊销来为企业间的产品和服务交易提供资金融通，克服了信贷融资程序复杂、抵押要求过高等问题，是企业外源融资的重要途径。应收账款和应付账款分别体现商业信用的供给和需求层面。应收账款反映企业的贷款回收情况，可以反映企业商业信用的提供情况。于洪霞（2011）和刘海洋（2013）等均以应收账款相对值来衡量企业面临的融资约束，值越大说明企业提供的商业信用高于平均水平。应付账款是债务企业从债权企业那里获得的商业信用融资，获得的商业信用越多，企业面临的融资约束就越少。Tang（2013）、范小云（2015）以应付账款衡量企业的商业信用，认为应付账款越少，表明企业所受的融资约束越强。

4. 融资约束指数

区别于以往研究将企业规模作为融资约束的代理指标，Fazzari（1988）开创性地用企业红利支付水平反映其融资约束程度。Kaplan（1997）认为现金流敏感度不能很好地反映企业的融资约束情况，并以 Fazzari 文章中股利分派最低的 49 家企业为研究对象，用现金流、负债率、股利支付比率和托宾 Q 等有序 Logit 回归的结果反映企业的融资约束情况。Lamont（2001）基于更广泛的样本构建了包含现金流、托宾 Q、资产负债指数、股利支付率和现金持有量的 KZ 指数，通过指数的高低来区分企业的融资约束情况。由于托宾 Q 本身存在严重的衡量偏误（Erickson，2000），依赖托宾 Q 计算的 KZ 指数也因此遭到许多质疑。相比之下，Whited 和 Wu（2006）基于现金流量、是否支付股利、长期负债率、总资产、行业销售增长率和销售增长率的

WW 指数得到更广泛的应用。WW 指数是通过对包含融资约束的跨期投资欧拉方程的 GMM 估计得到的。类似的，Hadlock（2009）根据 KZ 指数的构建方法，构建了仅包含企业规模和企业年龄两个外生性很强的 SA 指数。杨连星（2015）等运用企业运营资本投资敏感性指标（WKS）衡量企业的融资约束，该指标包含了企业的营运资本以及现金流、企业规模、负债水平、担保抵押水平等，是一个更加全面的反映企业融资情况的指标。

5. 综合得分

另一类是运用单个指标构建综合得分。Altman（1968）提出了 Z 得分模型，构建了包含企业流动资产、流动负债、留存收益、股东权益和销售收入的 Z 得分，Z 得分越大表明借款人资信越好，融资约束越低。Cleary（1999）采用类似的方法，利用固定费用偿付比率、总负债、流动资产和销售增长率等构建平均融资约束的综合指标。Bellone（2010）根据企业规模、利润、流动性、现金流、偿付能力、信贷等信息构建两种反映企业融资约束的综合得分指标，并与现金流和杠杆率指标进行比较，发现综合指标和单个指标对企业融资约束的反映非常相似。阳佳余（2012）从内源融资、商业信贷和外源融资方面选择现金存量比率、商业信贷比率和有形资产净值率等 9 个指标信息构建综合得分指标，为我们构建融资约束的综合指标提供了很好的借鉴。

（二）综合指标构建

对融资约束的不同衡量方法，强调了企业面临融资约束的不同方面。本部分将在借鉴相关文献的基础上，运用工业企业数据库，构建衡量融资约束的两个综合指标。具体如下：

1. 综合得分

从内源融资、外源融资、商业信用、自身特征四个方面选择 9 个变量来构造综合得分指标。其中，（1）内源融资约束，我们选择现金流存量和流动性比率（流动资产与流动负债的差值比流动负债）两个指标，二者的数值越高表明企业的内部资金越充裕，面临融资约束的可能性越小；（2）外源融资约束，采用利息支出占销售收入的比值和资产负债比来反映；（3）商业信用，由于缺乏应付账款的数据，我们仅采用应收账款占销售收入的比值来表示；（4）企业自身特征，采用企业规模（总资产的对数）、清产比率（所有者权益与总负债的比值）、有形资产净值率（有形资产与总资产的比值）、企业盈利能力（税后利润与销售收入的比值）四个指标，从不同反面反映企业获得贷款的可能性。

在获得基本指标的基础上，我们按照如下步骤构造综合指标：将企业同一年同一行业中的每个变量在20、40、60、80分位数上进行分类，处于0~20%、20%~40%、40%~60%、60%~80%、80%~100%的变量分别赋予1~5不同的数值，将9个指标的数值相加则构成综合得分指标，该得分越高表明企业所受的融资约束越小。

2. 融资指数

融资指数采用企业营运资本投资敏感性指标来反映，具体构造包括两步：首先，估计营运资本投资为被解释变量，企业的规模、销售增长率、抵押担保水平、负债水平、所有制等为解释变量的模型，得到随机误差项；其次，用现金流加权的随机误差项减去为加权的随机误差项就得到营运资本投资敏感性指标。该指标绝对值越大表明企业所受的融资约束越大，因为值越大，表明企业的营运资本投资受现金流影响越大。

3. 数据分析

为检验所构建指标的有效性，我们参考Bellone（2010）的方法，对两个综合指标与流动性比率和资产负债比进行了相关性检验，Spearman相关系数如表：

表3.6　Spearman相关系数表

	流动性比率	资产负债比	综合得分	融资指数
流动性比率	1			
资产负债比	0.622	1		
综合得分	0.625	0.760	1	
融资指数	-0.297	-0.155	-0.157	1

表3.6的相关系数显示，流动性比率和资产负债呈正相关关系，即流动性较高的企业往往是负债较少的企业。同样，综合得分指标和流动性比率和资产负债比均为正相关关系，三者越大均表示融资约束越小，理应正相关。而融资指数与流动性比率和资产负债均呈现负相关关系，因为融资指数越大，表明融资约束越强，理应负相关。因此，两个综合指标与融资约束的代

理指标对企业融资约束的反映一致，均能反映企业的融资约束情况。

为了进一步验证欧拉方程关于不同类型企业融资约束异质性的判断，我们将对不同类型企业的综合融资约束指标进行分析，具体如下：

表 3.7　融资异质性指标的分类型统计信息

	总体样本	出口企业	OFDI 企业	Both	Neither
综合得分	27.212	27.502	28.670	28.651	27.085
融资指数	-0.158	-0.097	-0.030	-0.033	-0.181
观测值	2288147	583991	3540	2579	1537503
	国有企业	外资企业	私营企业	制造业	非制造业
综合得分	27.487	28.579	26.487	27.196	27.422
融资指数	-0.167	-0.084	-0.856	-0.734	-0.103
观测值	97586	433317	1016625	1938834	183621

注：表中所列数据为各类指标的统计均值。

从综合得分信息来看，OFDI 企业和既出口也 OFDI 企业的得分很相近，分别是 28.670 和 28.651，是所有企业中综合得分最高的，也就是面临融资约束最低，其次是出口企业，最后是非出口及 OFDI 企业。同样地，融资指数指标也同样反映了 OFDI 企业融资约束最低，出口企业次之，非出口企业最高的现象。这与新新贸易理论关于生产率的描述类似，融资约束最低的企业对外直接投资，融资约束较低的企业出口，融资约束最高的企业留在国内。因为出口和对外投资企业与国内企业相比，面临更多的成本和不确定风险。

不同所有制企业的综合指标显示，外资企业的综合得分最高，国有企业次之，最后是私营企业，即外资企业的融资条件优于国有企业，私营企业面临的融资约束最大。制造业与非制造业相比，面临更严峻的融资约束问题。融资指数的结论与综合得分一致，也与第二部分的欧拉方程结果一致。近年来，中国的金融市场发展迅速，融资渠道不断拓宽，但融资市场仍不完善，企业可选择的融资工具仍不够丰富，融资约束现象仍普遍存在。政府应进一步加强宏观调控，完善金融市场，改善融资环境，降低金融机构与企业间的信息不对称性，提高资金的配置效率，降低融资约束对企业出口和对外投资的阻碍作用。并有针对性地加大对民营企业及中小企业的信贷支持力度，提供更多的融资方式，增加其获得贷款的机会，彻底解决中小企业融资难的问题。

第三节　对外直接投资

一、对外直接投资概述

随着中国经济的快速增长以及中国政府加快实施“走出去”战略步伐，中国企业融入经济全球化动力日益增强，对外直接投资规模不断扩大，2012年中国对外直接投资额达到878亿美元，成为世界第三大对外投资国。2013年中国对外直接投资首破千亿美元，连续两年位列世界第三大对外投资国。随着“一带一路”建设的开展，中国企业“走出去”内生动力不断增强，2014年中国对外直接投资创下1231.1亿美元的历史最高值，双向直接投资首次接近平衡。

（一）对外直接投资总额的变化

外商直接投资是中国经济发展和技术进步的重要推动力，中国一直是外商投资非常重要的目的国。但随着中国经济的进一步发展，主动进行外向型直接投资是中国经济保持快速发展的必要阶段。21世纪之前，中国对外投资相对较弱，每年投资量都在50亿美元以下。进入21世纪以后，中国对外直接投资不断增加、投资排名不断提高。中国对外直接投资存量占世界对外直接投资存量的比重呈稳步上升的趋势，其中2003年存量占比仅为0.33%，到2012年该比重已达到2.14%。虽然流量占比在2007年和2011年有小幅度的下降，但总体增长速度仍非常显著，2003年比重为0.49%，从2009年开始占比大幅度上升，接连三年存量占比均在4%以上。到2012年更是达到了6.52%的份额，占比较上一年提高2.15个百分点，流量名列全球国家（地区）排名的第三位，存量位居13位。2013年和2014年投资流量和存量投保持上升的趋势，到2014年流量占比达到8.57%，存量占比达到2.97%。虽然投资存量占世界总投资额的比重还比较低，但每年的投资流量以较快的速度增长，占比快速上升。

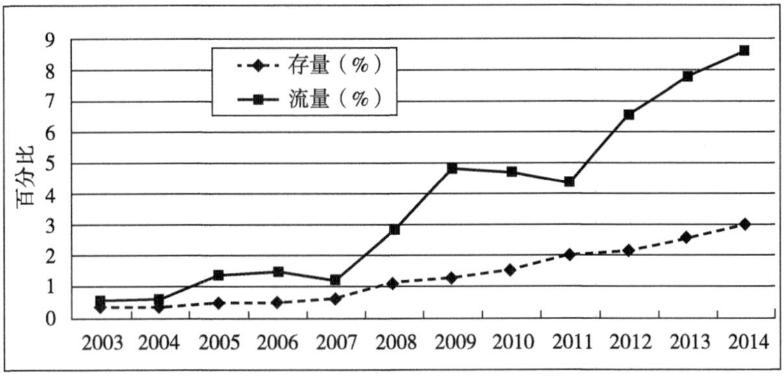

图 3.1　中国对外直接投资占世界对外直接投资的比重

数据来源：UNCTAD 数据库。

自 2003 年中国有关部门权威发布年度数据以来，中国对外直接投资流量已经实现连续 10 年增长，其中 2004 到 2012 年平均增长速度达到 41.6%。2003 年和 2004 年中国对外直接投资规模相对较少，投资流量仅为 29 亿美元和 55 亿美元，而同时期美国对外直接投资分别为 531 亿美元和 1358 亿美元，投资规模相差悬殊。2005 年中国对外直接投资流量首次超过 100 亿美元，2006 年中国对外直接投资继续保持强劲的增长势头，投资流量突破 200 亿美元，2007 年投资继续保持两位数的快速增长，2008 年中国企业积极参与国际投资合作的步伐进一步加快，中国对外直接投资首次突破 500 亿美元。2009 年，受金融危机影响，全球经济发展进入低谷期，这为中国企业适时参与国际投资合作提高了良好的机遇，这一年中国对外直接投资流量达到了 565 亿美元，再创历史新高。2010 年，中国对外直接投资流量首次超过日本（562.6 亿美元）、英国（110.2 亿美元）等传统投资大国。2011 年中国对外投资规模持续扩大，2012 年，欧债危机不断蔓延，世界经济发展的不确定因素增加，世界对外直接投资流量下降 17%，中国对外直接投资流量创下 878 亿美元的历史最高值，首次成为世界三大对外投资国之一。2013 年中国对外直接投资首破千亿美元，2014 年中国对外直接投资创下 1231.1 亿美元的历史最高值。

表 3.8　中国对外投资的流量和存量情况

（单位：百万美元）

年份	流量	存量	年份	流量	存量
2003	2855	33222	2009	56530	245755
2004	5498	44777	2010	68811	317211
2005	12261	57206	2011	74654	424781
2006	21160	75026	2012	87804	512585
2007	26510	117911	2013	101000	613585
2008	55910	183971	2014	116000	729585

数据来源：UNCTAD 数据库。

（二）中国对外总投资变化趋势

从图 3.2 可以看出，中国对外总投资流量呈现明显的上升趋势，2012 年对外直接投资流量是 2003 年投资流量的 29 倍。但增长率波动比较明显，2008 年之前，中国对外直接投资流量规模较小，因而相对较小投资规模的增加就能产生较高的增长率，其中 2005 年增长率达到 123%，2008 年为 110%。随着投资规模的不断扩大，增长率有所下降，2009 年仅增加 1.1%，之后年份增长率基本保持在 10% 及以上平稳的增长。2013 年和 2014 年的投资流量增长率分别为 15.1% 和 14.8%。

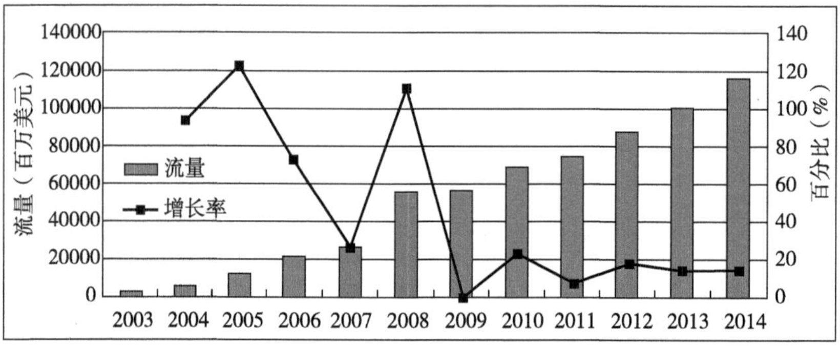

图 3.2　中国对外投资流量及增长率

数据来源：UNCTAD 数据库。

图 3.3 展示了中国对外直接投资存量及变化情况。2003—2012 年，中国对外直接投资存量一直以 20% 以上较高的增长率增加，2013 年和 2014 年稍

微有所降低，分别为 19.7% 和 18.9%。存量规模从 2003 年的 332 亿美元增加到 2012 年的 5126 亿美元，增加了 14 倍。2014 年达到 7215 亿美元。其中 2007 年和 2008 年的增长率更是超过了 50%。

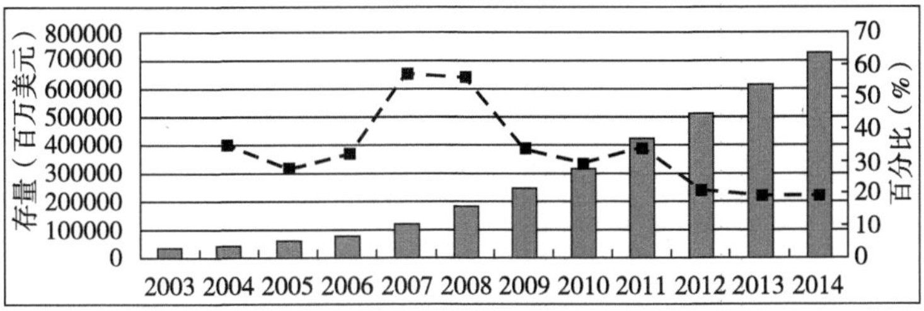

图 3.3　中国对外投资存量及增长率

数据来源：UNCTAD 数据库。

（三）中国 OFDI 总体国别特征

中国对外投资分布国家（地区）广泛，每年均有新增国家和地区，但投资规模高度集中，主要集中在亚洲和拉丁美洲国家和地区，其中中国香港特别行政区是中国大陆投资最多的地区，英属维尔京群岛和开曼群岛也占较大比重。中国对发达国家投资规模相对较小，2013 年和 2014 年中国 OFDI 存量排名前 20 的国家中，中国香港都是第一位，其余国家排名顺序有所变化，国家名称有个别变动，大部分国家一致。表 3.9 具体列出来 2013 年和 2014 年中国对这 20 个国家中每个国家的投资流量及所占中国对外直接投资总量的比重。

表 3.9　2013 年和 2014 年中国 OFDI 存量前 20 的国家（地区）

序号	2013 年（亿美元、%）			2014 年（亿美元、%）		
	国家和地区	流量	比重	国家和地区	流量	比重
1	中国香港	628.24	58.3	中国香港	708.67	57.6
2	开曼群岛	92.53	8.6	美国	75.96	6.2
3	美国	38.73	3.6	卢森堡	45.78	3.7
4	澳大利亚	34.58	3.2	英属维尔京群岛	45.70	3.7
5	英属维尔京群岛	32.22	3.0	开曼群岛	41.92	3.4

续表

序号	2013 年（亿美元、%）			2014 年（亿美元、%）		
	国家和地区	流量	比重	国家和地区	流量	比重
6	新加坡	20.33	1.9	澳大利亚	40.49	3.3
7	印度尼西亚	15.63	1.5	新加坡	28.14	2.3
8	英国	14.2	1.3	英国	14.99	1.2
9	卢森堡	12.75	1.2	德国	14.39	1.2
10	俄罗斯联邦	10.22	0.9	印度尼西亚	12.72	1.0
11	加拿大	10.09	0.9	荷兰	10.30	0.8
12	德国	9.11	0.8	老挝	10.27	0.8
13	哈萨克斯坦	8.11	0.8	巴基斯坦	10.14	0.8
14	老挝	7.81	0.7	加拿大	9.04	0.7
15	泰国	7.55	0.7	泰国	8.39	0.7
16	伊朗	7.45	0.7	巴西	7.30	0.6
17	马来西亚	6.16	0.6	百慕大群岛	7.08	0.6
18	津巴布韦	5.18	0.5	阿拉伯联合酋长国	7.05	0.6
19	柬埔寨	4.99	0.4	阿尔及利亚	6.66	0.5
20	越南	4.81	0.4	俄罗斯联邦	6.34	0.5
	合计	970.69	90.0	合计	1111.33	90.3

数据来源：中国对外直接投资公报 2013 和中国对外直接投资公报 2014。

（四）中国对外直接投资洲际分布

中国对外直接投资地区分布不均衡，主要集中在亚洲和拉丁美洲，二者占据了中国对外直接投资流量的 80% 以上，2003 年、2004 年和 2005 年更是占据投资存量的 90% 以上。亚洲是中国对外直接投资最多的地区，主要分布在中国香港、新加坡、哈萨克斯坦、印度尼西亚、韩国、蒙古、老挝等。2003 年到 2014 年，中国对亚洲地区的投资流量平均占投资总量的 61%，投资存量平均占投资存量的 71%。而其中大部分投资又流向香港地区，2014 年对香港的投资占对亚洲投资存量的 84.8%。中国对拉丁美洲地区的投资主要集中在英属维尔京群岛和开曼群岛，2014 年对二者的投资存量占对拉丁美洲地区投资存量的 88.5%。2006 年之前，中国对拉丁美洲地区的投资保持高速的增长，之后投资规模大幅度下降，所占投资流量的比例从 2005

年的52.7%下降到2012年的7%，2013年投资流量又大幅度增长到13.3%，2014年投资流量又降至8.6%。投资存量也从26.3%下降到12.8%。中国对非洲、欧洲、北美洲和大洋洲四个地区的投资规模不断增加，但所占比例仍然较低。其中对欧洲投资主要流向德国、卢森堡、俄罗斯、英国等，对北美洲投资主要流向美国、加拿大，对非洲投资主要分布在安哥拉、刚果、尼日利亚、赞比亚、津巴布韦等，对大洋洲投资主要流向澳大利亚、新西兰、斐济、萨摩亚等。

表3.10　中国对外OFDI流量地区分布情况

（单位:%）

年份	亚洲	拉丁美洲	欧洲	非洲	大洋洲	北美洲
2003	52.7	36.4	5.1	2.6	1.2	2.0
2004	54.8	32.1	2.9	5.8	2.2	2.3
2005	36.6	52.7	3.2	3.2	1.7	2.6
2006	43.5	48.0	3.4	2.9	0.7	1.5
2007	62.6	18.5	5.8	5.9	2.9	4.2
2008	77.9	6.6	1.6	9.8	3.5	0.7
2009	71.5	13.0	5.9	2.5	4.4	2.7
2010	65.2	15.3	9.8	3.1	2.7	3.8
2011	60.9	16.0	11.1	4.3	4.4	3.3
2012	73.8	7.0	8.0	2.9	2.8	5.6
2013	70.1	13.3	5.5	3.2	3.4	4.5
2014	69.0	8.6	8.8	2.6	3.5	7.5

数据来源：中国对外直接投资公报整理。

表3.11　中国对外OFDI存量地区分布情况

（单位:%）

年份	亚洲	拉丁美洲	欧洲	非洲	大洋洲	北美洲
2003	80.1	13.9	1.5	1.5	1.4	1.7
2004	74.8	18.5	1.5	2.0	1.2	2.0
2005	71.6	20.0	2.2	2.8	1.1	2.2
2006	63.9	26.3	3.0	3.4	1.3	2.1
2007	67.2	20.9	3.8	3.8	1.6	2.7

续表

年份	亚洲	拉丁美洲	欧洲	非洲	大洋洲	北美洲
2008	71.4	17.5	2.8	4.2	2.1	2.0
2009	75.5	12.4	3.5	3.8	2.6	2.1
2010	71.9	13.8	5.0	4.1	2.7	2.5
2011	71.4	13.0	5.8	3.8	2.8	3.2
2012	68.5	12.8	7.0	4.1	2.8	4.8
2013	67.7	13	8.1	4.0	2.9	4.3
2014	68.1	12	7.9	3.7	2.9	5.4

数据来源：中国对外直接投资公报整理。

（五）中国对不同经济体 OFDI

1. 金砖国家

金砖国家是新兴市场投资的代表，2010 年南非加入后，金砖国家包括俄罗斯、中国、巴西、印度和南非五个国家。金砖国家之间的一系列合作机制会加强各国的经贸关系。我国对金砖国家投资的特征可以概括为发展时间较短，总量上规模不大，但发展速度迅猛。从 2005 年到 2008 年，我国对金砖国家的直接投资流量增加了 19.75 倍，直接投资存量增长了 6.91 倍。2009—2012 年投资流量波动幅度比较大，有正增长也有负增长。2012 年金砖国家领导人第四次会晤发表 了《新德里宣言》，推动了金砖国家之间的务实合作，因此 2013 年和 2014 年中国为金砖国家的投资又保持了高速增长。虽然投资流量波动幅度较大，但投资存量上基本保持一个持续增加的状态。中国对金砖国家的直接投资投资总额的比重仍然较低，随着金砖国家直接合作的不断加强，中国对其投资规模仍有不断增加的潜力。

表 3.12　中国对金砖国家外商直接投资状况

（单位：亿美元,%）

项目 / 年份	流量			存量	
	金额	同比增长	占比	金额	占比
2003	0.5	—	1.6	1.6	0.5
2004	1.0	120.1	1.9	2.7	0.6
2005	2.8	171.9	2.3	6.7	1.2

续表

年份＼项目	流量			存量	
	金额	同比增长	占比	金额	占比
2006	5.1	83.6	2.4	12.5	1.7
2007	10.1	97.7	3.8	24.3	2.1
2008	53.3	430.0	9.5	53.3	2.9
2009	4.8	-91.0	0.9	51.1	2.1
2010	15.1	214.6	2.2	83.4	2.6
2011	10.1	-33.4	1.4	95.5	2.2
2012	4.4	-56.3	0.5	109.9	2.1
2013	13.9	215.9	1.4	161.6	2.6
2014	17.2	23.7	1.5	208.9	2.8

数据来源：根据中国对外直接投资公报整理。

2. 东盟

中国对东盟十国直接投资起步较早，投资规模较大，占中国对亚洲地区投资流量的10%左右。中国对东盟直接投资流量到2008年突破百亿美元，2009年投资增长率有所降低，但仍保持稳步增加的趋势，2010年和2011年又保持一个快速增长的速度，2012年和2014年速度有所降低。中国对东盟直接投资存量自2003年以来每年保持高速增长，从2003年的5.9亿美元增长到2014年的476.33亿美元，占总存量的比重也由1.8%增至5.4%。

表3.13　中国对东盟直接投资状况

（单位：亿美元,%）

年份＼项目	流量			存量	
	金额	同比增长	占比	金额	占比
2003	1.2	—	4.2	5.9	1.8
2004	2.0	63.9	3.6	9.6	2.1
2005	1.6	-19.4	1.3	12.6	2.2
2006	3.4	112.9	1.6	17.6	2.3
2007	9.7	188.3	3.7	39.5	3.4
2008	24.84	156.1	4.4	64.87	3.5
2009	26.98	8.6	4.8	95.71	3.9

续表

年份＼项目	流量			存量	
	金额	同比增长	占比	金额	占比
2010	44.05	63.2	5.9	143.5	3.4
2011	59.05	34.1	6.7	214.62	4.2
2012	61	3.3	6.9	282.38	5.3
2013	72.67	19.1	6.7	356.68	5.4
2014	78.09	7.5	6.3	476.33	5.4

数据来源：根据中国对外直接投资公报整理。

3. 欧盟

中国对欧盟的投资主要流向卢森堡、英国和德国等国家，从行业分布来看，投资主要流向租赁和商务服务业、制造业、采矿业和金融业等，到2014年末，中国共在欧盟设立直接投资企业超过2000家，已覆盖欧盟的全部28个成员国。从投资流量来看，中国对欧盟投资波动幅度特别大，同比增长可以达到711.1%和535.1%，也会出现-55.3%等投资下降的情况。受金融危机影响，2008年投资规模下降最大，占比也仅有0.8%，2011年达到最大10.1%。中国对欧盟投资存量基本一个稳定上升的趋势。

表3.14 中国对欧盟直接投资状况

年份＼项目	流量（亿美元,%）			存量（亿美元,%）	
	金额	同比增长	占比	金额	占比
2007	10.44	711.1	3.9	29.4	2.5
2008	4.67	-55.3	0.8	31.74	1.7
2009	29.66	535.1	5.3	62.77	2.6
2010	59.63	101	8.7	124.97	3.9
2011	75.61	26.8	10.1	202.91	4.8
2012	61.2	-19.1	7	315.38	5.9
2013	45.24	-2.8	4.2	400.97	6.1
2014	97.87	116.3	7.9	542.1	6.1

数据来源：根据中国对外直接投资公报整理。

（六）主要国家分析

1. 中国对香港特区的直接投资

香港特区是中国对外直接直接投资流量和存量最大的地区①，中国对外直接投资、主要并购项目大都通过香港特区再投资完成。中国对香港投资存量占对外投资存量总额的比重基本保持在60%以上较高的水平，最高达到74%。中国对香港投资流量占对外投资流量总额的比重虽然有波动但基本维持在40%以上的水平，最高达到69%。从行业构成情况看，中国对香港的投资主要流向租赁和商务服务业、批发和零售业、金融业、采矿业及交通、存储和邮政业等。

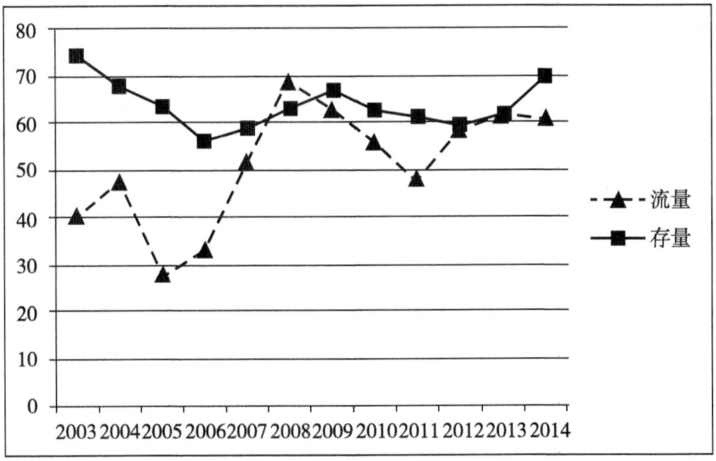

图3.4　中国对香港直接投资占中国OFDI的比重（%）

数据来源：根据中国对外直接投资公报整理。

中国对香港特区的直接投资流量2007年突破百亿美元，到2012年达到512.4亿美元，2014年达到708.6亿美元。除2009和2011年外，均保持较高的年增长率。从2004年到2014年的平均增长率达54.6%。中国对香港特区的直接投资所占香港特区GDP的比重也不断增加，到2012年，该比重达到19.9%。投资流量及增长率详见下图3.5。

① 香港是中国的一个特别行政区，但由于其是独立关税体，因此在联合国和我国的统计中都将对香港特别行政区的投资也统计为OFDI。

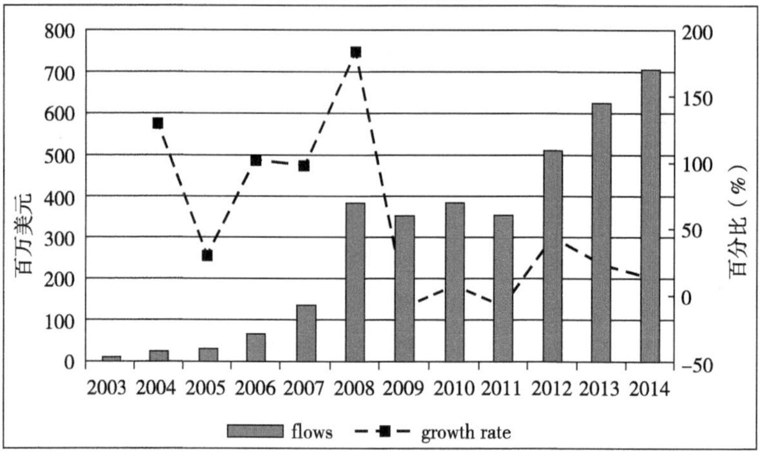

图 3.5　中国对香港直接投资流量总额及增长率

数据来源：根据中国对外直接投资公报整理。

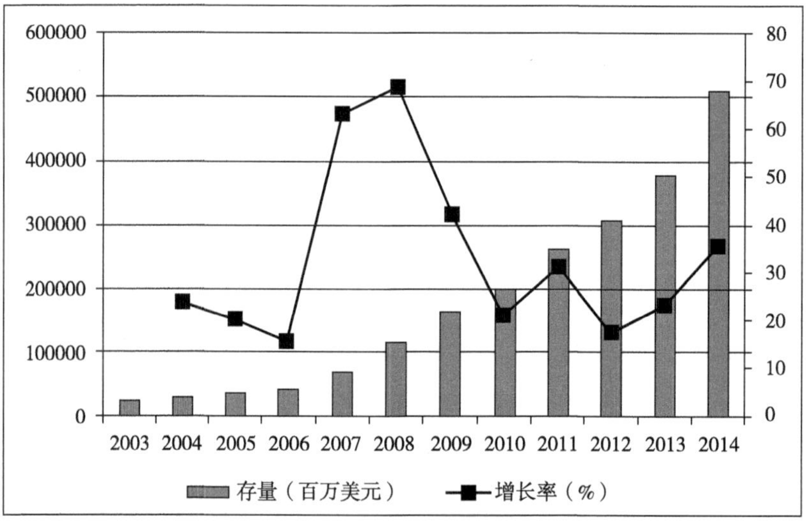

图 3.6　中国对香港直接投资存量总额及增长率

数据来源：根据中国对外直接投资公报整理。

中国对香港特区的直接投资存量一直保持较高增长速度。2004 到 2014 年平均增长速度 32.2%；2007 和 2008 年增长速度最快，均超过 60%；近三年增长速度有所减缓，但投资存量仍以每年 100 亿美元以上的规模增加，到 2014 年存量规模达到 509.9 亿美元。中国对香港特区的直接投资占其接受投资总额的比重也不断上升，2008 年这一比重突破 10%，到 2012 年该比重达到 21.54%。

2. 中国对英属维尔京群岛和开曼群岛的投资

中国对拉丁美洲地区的投资主要集中在世界著名的避税地——英属维尔京群岛和开曼群岛。这两个群岛属于国际著名的避税港型离岸金融中心，在这里注册的金融机构和公司通常是为了享受该地区的税收优惠，不在这里设立实体，其业务大都在母国进行。由于存在低税率、注册手续简便、便于跨国经营、企业可规避贸易壁垒等优势，该地区吸引了许多中国企业在这里注册公司，这些离岸公司往往具有高度的保密性、减免税务负担、无外汇管制三大特点。由于中国对外资企业具有很多优惠政策，这促使许多中国企业在这两个地区注册公司，然后以外资的身份进入中国进行生产，从而得到各种外资待遇。2006 年之前，中国对该地区的投资一直呈现快速增长状态；伴随着中国外资优惠政策的减弱，以及世界各个国家海外避税打击力度的不断加强，中国对这两个地区的投资有所下降，投资总额占投资总额的比重也不断下降。2012 年投资流量仅占对外投资总量的 3.5%，远远低于 2005 年、2006 年的比重。2013 年投资比重重回 12.3% 的高峰，2014 年为 7.5%，有所下降。

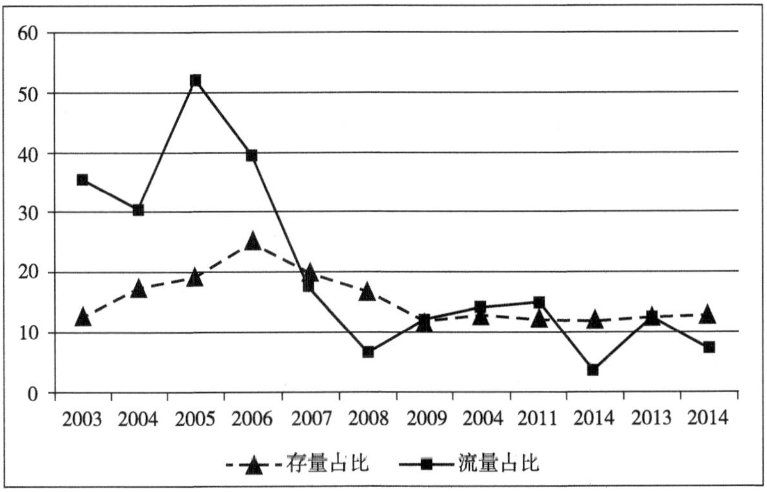

图 3.7　中国对英属维尔京群岛和开曼群岛 OFDI 占中国 OFDI 的比重

数据来源：根据中国对外直接投资公报整理。

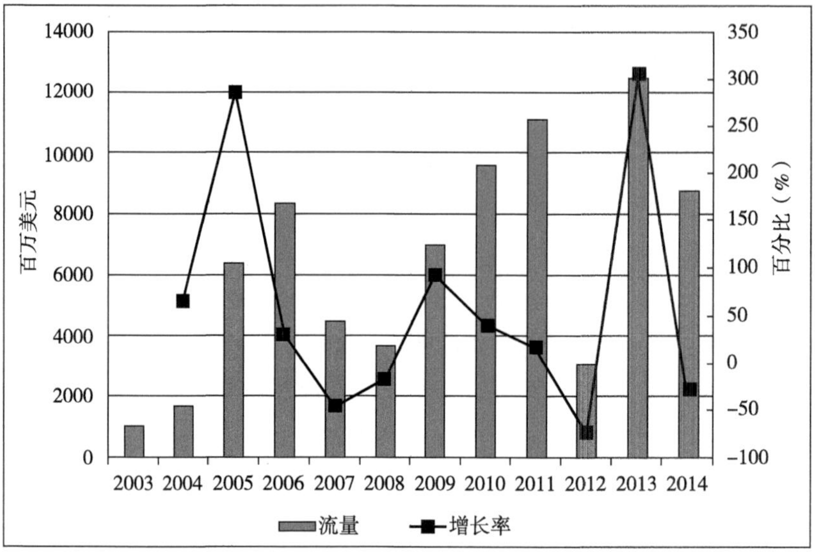

图 3.8　中国对英属维尔京群岛和开曼群岛 OFDI 流量及增长率

数据来源：根据中国对外直接投资公报整理。

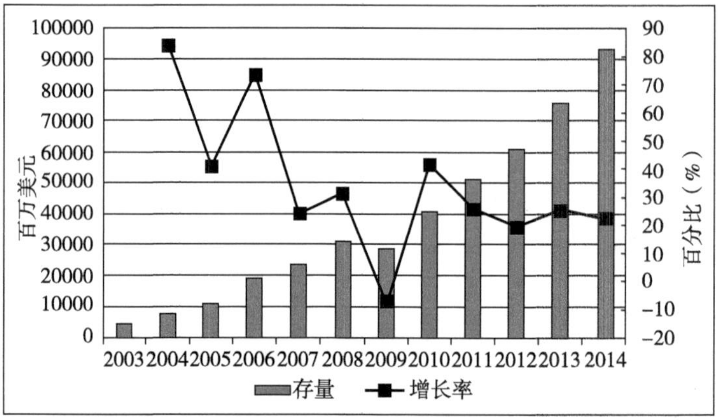

图 3.9　中国对英属维尔京群岛和开曼群岛 OFDI 存量及增长率

数据来源：根据中国对外直接投资公报整理。

中国对英属维尔京群岛和开曼群岛的投资流量不稳定，增长率波动比较明显，所占份额也逐渐低于美国等发达国家，但在发展中国家和地区所占的比重仍然较大。在 2013 年和 2014 年，中国对这两个国家的投资均位列中国对外投资存量排名的前五名。在 2005 年，中国对这两个国家的投资流量比前一年翻了两番，增长率达到峰值；之后，增长率有不断下降趋势。2012

年甚至出现 72.5% 的负增长，投资大幅度下滑。2013 年增长率达到 306.7%，2014 年投资又有所下降。

中国对英属维尔京群岛和开曼群岛的投资存量，除 2009 年出现小幅度的负增长之外，其余年份均保持稳定的正向增长。虽增长率有所降低，但仍基本保持在 20% 以上的水平，2004 年到 2014 年平均增长率为 34.6%。中国对这两个国家的投资存量在 2005 年就突破了 100 亿美元，到 2012 年达到了 609.2 亿美元，到 2014 年达到 935.5 亿美元。

3. 中国对俄罗斯联邦的直接投资

俄罗斯联邦是转型经济体中与中国投资关系最密切的国家之一，2013 年在中国对外投资存量排名中位居第 10 位，2014 年降为第 20 位，占中国对外投资总量的 0.5%。中国对俄罗斯的投资主要分布在制造业、租赁和商务服务业、批发和零售业、建筑业和采矿业等。从图 3.10 可以看出，中国对俄罗斯联邦直接投资存量及流量占比均保持上升的趋势，2006 年占比达到最大值，2008 年以后占比基本维持在 1% 左右。

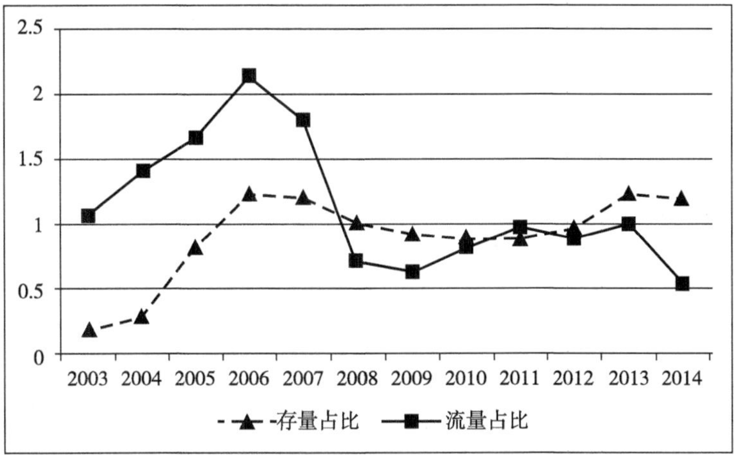

图 3.10 中国对俄罗斯联邦直接投资存量及流量占比（%）

数据来源：根据中国对外直接投资公报整理。

中国对俄罗斯的直接投资流量基本呈现上升的趋势。2008 年和 2009 年受经济危机的影响，投资分别出现 17.2% 和 11.9% 的负增长；2010 年投资出现反弹，直接投资年增长率实现 63.0% 的正增长。在 2004 年到 2014 年期间的平均增长速度是 45.9%。中国对俄罗斯的直接投资流量在 2005 年突破

1 亿美元，到 2012 年达到 7.85 亿美元，2013 年突破 10 亿美元。

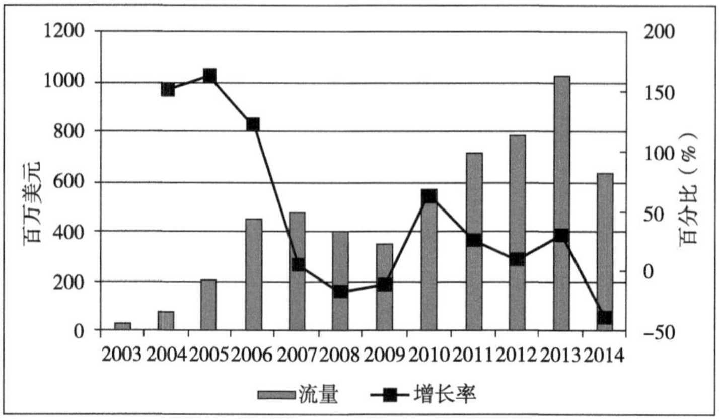

图 3.11　中国对俄罗斯联邦直接投资流量及增长率

从投资存量上看，中国对俄罗斯的直接投资规模相对较小，2007 年才突破 10 亿美元。但中国对其投资存量保持一个不断增加的趋势，到 2014 年投资存量达到 86.9 亿美元。2007 年之前，投资存量均保持在 50% 以上较高的增长率。2007 年之后，投资存量年增长率有所下降，但仍保持在 20% 以上，2013 年增长率达到 55%。

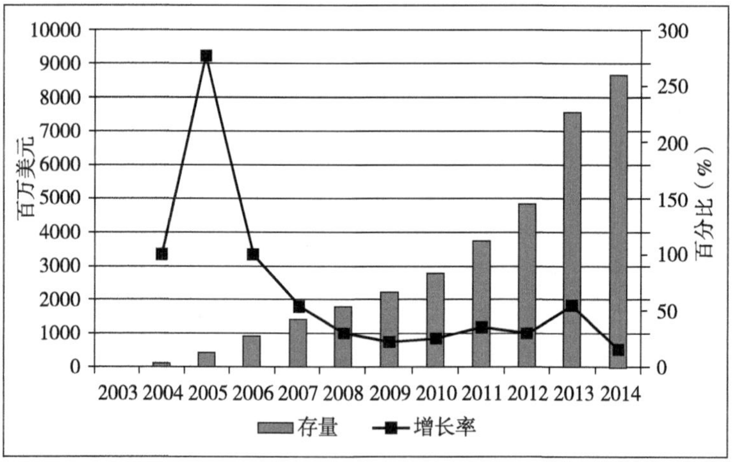

图 3.12　中国对俄罗斯联邦直接投资存量及增长率

数据来源：根据中国对外直接投资公报整理。

4. 中国对美国的直接投资

中国对美国的直接投资主要集中在制造业、房地产业和采矿业。中国对美国的直接投资起步较晚，2009 年之前基本保持在 1% 的投资水平，2009 年金融危机之后，中国对其投资规模大幅度上升，所占流量和存量比例也呈不断上升的趋势，到 2014 年中国对美国投资流量占中国对外投资流量的比重为 6.5%，存量占比达到 5.2%。

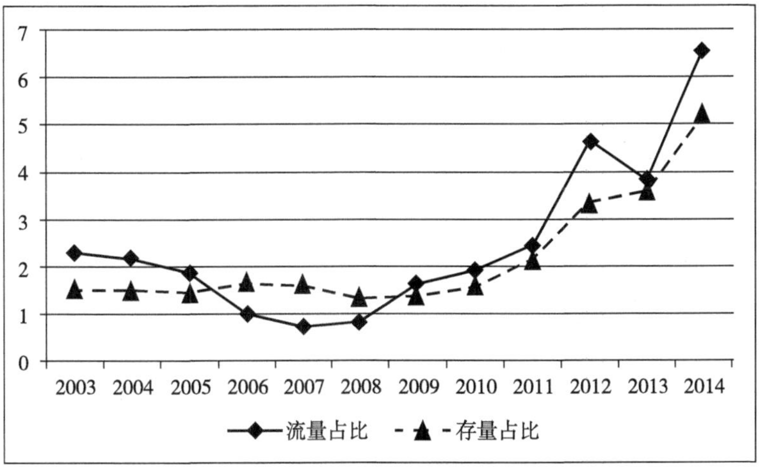

图 3.13 中国对美国直接投资存量及流量占比（%）

数据来源：根据中国对外直接投资公报整理。

中国对美国的投资流量在 2009 年达到 9.08 亿美元，到 2010 年突破 10 亿美元，到 2014 年更是达到 76 亿美元的投资规模。2009 年到 2014 年投资流量平均增长率达到 65.7%，除了 2013 年出现负增长之外，均保持较快的增长速度，也反映出中美经济联系的日益密切。

虽然投资流量有所波动，但中国对美国的投资存量是保持稳步上升的趋势，2006 年投资存量就突破 10 亿美元，到 2014 年投资存量达到 380 亿美元，2004—2014 年期间投资存量平均增长率达到 49.7%。

经济快速平稳的增长，以及政府“走出去”战略的实施，促进中国对外直接快速发展。从总体上来讲，中国对外直接投资规模不断扩大，逐渐超越传统的对外投资大国，成为全球最重要的资金来源国之一。一方面，中国对外直接投资流量和存量分别达到 878 亿美元和 5125 亿美元的历史最高值，

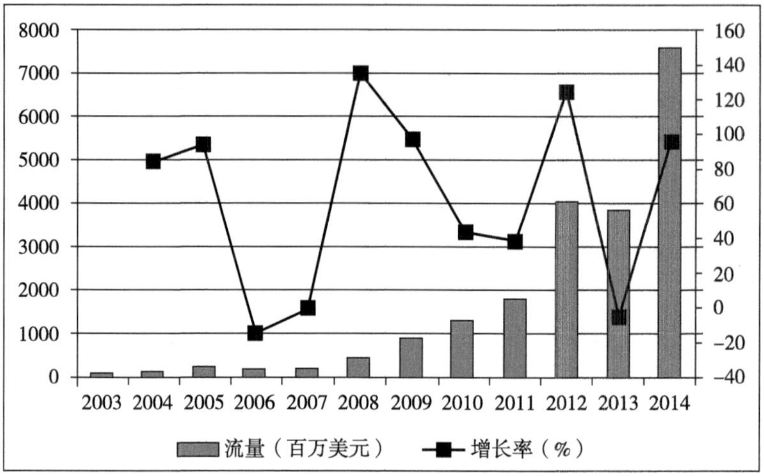

图 3.14 中国对美国直接投资流量及增长率

数据来源：根据中国对外直接投资公报整理。

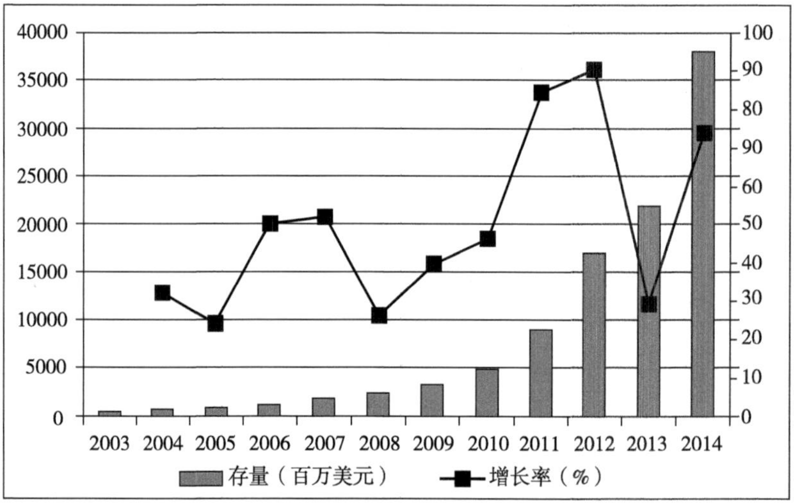

图 3.15 中国对美国直接投资存量及增长率

数据来源：根据中国对外直接投资公报整理。

且仍保持不断增加的趋势；另一方面，虽然中国对发达国家的投资规模有所增加，但中国对外直接投资的主要目的国仍是发展中国家。同时，中国对外直接投资存在明显的国别、区域、行业差异性。

首先，中国对外直接投资区域分布不均衡。投资主要集中在亚洲和拉丁美洲国家和地区，二者占据了中国对外直接投资流量的80%以上。亚洲是中国对外直接投资最多的地区，主要分布在中国香港、新加坡、哈萨克斯坦、印度尼西亚、韩国、蒙古、老挝等。中国对拉丁美洲地区的投资主要集中在英属维尔京群岛和开曼群岛。中国对非洲、欧洲、北美洲和大洋洲四个地区的投资规模不断增加，但所占比例仍然较低。

其次，中国对外投资国家分布广泛，但投资规模高度集中。中国香港是中国投资最多的地区，且仍然保持较大规模的增长。英属维尔京群岛和开曼群岛也占中国OFDI较大比重，但2012年中国对其投资规模大幅度下降。中国对发达国家的投资规模较小，但对美国直接投资规模不断扩大，美国也因此成为中国第二大投资目的国。

二、对外直接投资动机及制度影响因素

近年来，中国对发展中国家的投资问题引起了学术界的普遍关注。与本书相关的文献主要有三类，分别为投资引力模型、中国OFDI的投资动机和制度因素对中国OFDI的影响。

引力模型来源于物理学，是用来解释物体间的引力大小与质量和距离的关系。后来引力模型被用于双边贸易的研究，并很好地解释了双边贸易流量与两国GDP成正比，而与距离成反比的贸易现象。Anderson（1979）进一步把模型从双边贸易拓展到双边投资的研究，并提出国际投资的引力模型。近年来，不少学者用引力模型来分析国际投资的区位分布。引力模型成为学者们分析国家投资的基本模型。因此，本书也在引力模型的基础上分析中国对非洲OFDI的影响因素。

（一）理论基础

1. 投资动机

传统的国际投资理论认为外商直接投资的动机主要有四种：市场寻求、自然资源寻求、效率寻求、战略资产寻求。战略资产寻求型OFDI通过获取东道国的战略资产，如技术、品牌等技术溢出提高母国的竞争力。中国对发达国家的投资有明显的战略资产寻求动机（Deng，2009），对发展中国家的投资一般不存在此动机，非洲与我国相比战略资产处于落后地步，并不具备

中国企业 OFDI 所寻求的战略资源，我国对其投资更多的是技术溢出而非技术获得。因此我们将重点分析前三个动机。

市场寻求型：寻求海外市场是跨国公司 OFDI 的一个重要动机，东道国市场规模越大，越有利于 OFDI 发挥规模经济和范围经济优势。随着中国经济的快速发展，中国企业面临着国内产能过剩和海外市场贸易壁垒的双重压力，因此积极开展对外直接投资是化解国内产能过剩和规避贸易壁垒的有效措施。Taylor（2002）认为，具有市场寻求动机的 OFDI 倾向于在市场规模较大的地区投资。随着非洲经济的发展，居民购买力的增加，其巨大的市场潜力必将成为吸引我国投资的重要因素。林毅夫认为非洲是我国制造业转移的必要承接地。

自然资源寻求型：中国经济的持续快速增长以及国民生活水平的迅速提高，必然导致对石油等自然资源的需求不断加大，而单靠中国自身的资源禀赋显然无法满足需求，以对外直接投资的方式对资源富裕国进行资源开采是一种必要的选择。在中国近年来的对外直接投资中，相当一部分集中于能源矿产资源储量产量丰富的国家，特别是非洲。非洲不仅拥有石油等能源资源，而且有丰富的矿产资源，资源寻求型直接投资是世界各国投资非洲的重要原因（Asiedu，2006）。Buckley（2007）的研究表明，1984—2001 年中国 OFDI 与东道国的资源禀赋正相关。

效率寻求型 OFDI 又称为成本导向型 OFDI，企业为降低生产成本在全球范围内配置资源，而企业对外投资主要是利用东道国低廉的要素成本，尤其是劳动力成本。新古典贸易理论认为，工资差异是投资的一个重要决定因素，产品生命周期理论也认为，FDI 是为了利用东道国国内的廉价劳动力优势。与世界其他国家的跨国公司相比，由于本身具有较低的劳动力成本，中国初始阶段 OFDI 的效率寻求动机不强烈（Deng，2009）。随着国内劳动力成本的不断提高，中国企业开始寻求非洲等劳动力成本更低的地区投资，非洲的低劳动力成本是吸引中国制造业投资的重要因素。但效率寻求是否是中国对非洲 OFDI 的主要动机还有待验证。

中国对外直接投资的迅速增加一直被认为很特殊，那其是否拥有传统投资理论的动机呢？本书提将分别就中国对非洲投资的市场寻求、效率寻求和资源寻求动机进行检验。

2. 制度因素

制度因素是东道国区位优势的一个重要组成部分，因为来自国外的直接投资企业必须在遵守当地规则和体制的基础上开展相关活动，其商业战略与东道国的制度环境相适应才能得以生存和发展。理论上，高效、完善的政府管理制度可以提高企业的社会生产效率、降低其投资风险及投资成本，从而吸引更多的外商投资。Gani（2007）实证检验发现东道国制度质量确与中国OFDI正相关。但Kolstad和Wiig（2012）对中国在104个国家的OFDI研究却发现，东道国制度质量与中国OFDI负相关。Buckley（2007）也发现中国企业更倾向于投资制度不完善的国家。

另外，制度因素对投资产生的影响不仅仅来源于东道国制度质量本身，还来自于东道国与母国制度差距的大小（祁春凌，2013）。Habib（2002）认为母国和东道国制度的绝对差异越小，则双方更加容易适应彼此的交易规则和制度环境，因此有利于FDI的增加。Xu（2002）也指出投资与制度距离呈负相关关系，但制度距离并非越小越好。冀相豹（2014）利用2003—2011年中国OFDI数据研究发现中国OFDI不具有制度相似性特征，即中国企业倾向于到制度差异较大的国家进行投资。

同时，还有一些学者认为东道国制度对不同投资动机的企业影响不同。Asiedu（2006）认为缺乏自然资源的国家可以通过改善制度环境来吸引外商投资。Kolstad和Wiig（2012）发现，自然资源对中国OFDI的影响受东道国制度的影响，在制度不完善的东道国，自然资源吸引中国OFDI，而制度完善的东道国，自然资源反而阻碍中国的投资。

中国对东道国制度环境的偏好还未形成一致结论，本书将分别检验东道国政治制度和经济制度对中国OFDI的影响，以及制度因素对不同投资动机的影响。

（二）模型设定

1. 模型设定

为了分析中国对非洲直接投资的影响因素，本书在传统引力模型的基础上加入东道国的市场规模、自然禀赋和劳动力成本等经济因素以及东道国的制度变量和影响中国投资的控制变量，参照Di Mauro（2000）的研究，将修正的引力模型设定如下：

$$Ln(fdi_{ijt}) = \alpha_0 + \alpha_1 Ln(cgdp_{it}) + \alpha_2 Ln(hgdp_{jt}) + \alpha_3 Ln(D_{ijt}) + \sum \alpha_k X_{jt}^k + \lambda_1 + \varepsilon_{ijt} \quad (3.14)$$

fdi_{ijt}表示中国对 j 国的 OFDI，$cgdp_{it}$、$hgdp_{it}$分别表示中国和东道国的 GDP，D_{ijt}表示中国和东道国的距离。X_{it}表示各影响因素：市场规模、自然禀赋、战略资源和劳动力成本、制度变量和控制变量等。λ_1 表示时间和国家固定效应。ε_{ijt}为随机扰动项，均值为 0。

中国对非洲国家的投资并不连续，某些年份为零甚至为负投资，如果简单将这些数据忽略，可能会导致估计结果存在偏误。因为中国是否对该地区投资不是随机的，而与东道国的经济及制度环境密切相关，将投资非正的国家排除会使研究样本成为自我选择样本而非随机样本。所以本书存在由非随机样本造成的样本选择偏误，Heckman（1979）构造的两阶段选择模型是处理该问题常用的一个方法。为此，我们采用 Heckman 两阶段选择模型，将中国 OFDI 的投资决策分为两阶段：是否投资和投资多少。第一阶段是 Probit 投资选择模型。首先观察中国是否投资受那些因素影响，估计中国 OFDI 的概率，并得到逆米尔斯比；第二阶段是把逆米尔斯比的估计值加入投资规模模型克服样本选择偏误，进一步观察中国投资的数量受那些因素影响。具体模型为：

$$\Pr(fdi_{ijt} = 1) = \Phi[\alpha_0 + \alpha_1 Ln(cgdp_{it}) + \alpha_2 Ln(hgdp_{jt}) + \alpha_3 Ln(D_{ijt}) + \sum \alpha_k X_{jt}^k + \lambda_1 + \varepsilon_{ijt}] \quad (3.15)$$

$$Ln(ofdi_{ijt}) = \beta_0 + \beta_1 Ln(cgdp_{it}) + \beta_2 Ln(hgdp_{jt}) + \beta_3 Ln(D_{ijt}) + \sum \beta_k X_{jt}^k + \rho Mills_{ijt} + \lambda_2 + \mu_{ijt} \quad (3.16)$$

模型（3.15）中，如果 $fdi_{ijt} > 0$，则 $fdi_{ijt} = 1$，否则 $fdi_{ijt} = 0$，此方程是 Heckman 第一阶段的 probit 对外投资选择模型，其中 Pr（$fdi_{ijt} = 1$）表示企业对外投资参与的概率，$\Phi(\cdot)$ 表示标准正态分布的概率分布函数。方程（3.16）是投资规模模型，与普通 OLS 不同的是该方程加入了 $Mills_{ijt}$项，$Mills_{ijt}$为逆米尔斯比，具体表达式为：

$$Mills_{ijt} = \frac{\varphi[\alpha_1 Ln(cgdp_{it}) + \alpha_2 Ln(hgdp_{jt}) + \alpha_3 Ln(D_{ijt}) + \sum \alpha_k X_{jt}^k]}{\Phi[\alpha_1 Ln(cgdp_{it}) + \alpha_2 Ln(hgdp_{jt}) + \alpha_3 Ln(D_{ijt}) + \sum \alpha_k X_{jt}^k]} \quad (3.17)$$

$\varphi(\cdot)$ 表示标准正态分布的概率密度函数。如果 $Mills_{ijt}$项不为零且统计上显著，则说明存在样本自选择问题，用 Heckman 模型有效。

2. 变量设定

（1）引力模型基本变量

包括中国和东道国的 GDP 和距离变量。GDP 用来衡量市场规模，根据国际投资理论，一国对外直接投资随着该国经济发展水平的提高而逐渐增加，因此国内生产总值越大其投资潜力就越大。距离变量用来衡量投资成本，往往距离越大，投资成本和风险都越大。本书采用两国之间的海运距离来衡量距离成本。

（2）投资动机变量

本书分别用人均 GDP、东道国的资源禀赋、劳动力工资水平来衡量市场寻求动机、资源寻求动机、战略资产寻求动机和效率寻求动机。人均 GDP 能衡量一个地区的市场潜力，是吸引 FDI 的重要因素。东道国资源密集度定义为东道国油气和其他矿物资源出口占总出口比重。人均国民收入是对东道国工资水平和劳动力成本的间接测度。

（3）制度变量

我们分别采用全球治理指数（WGI）和经济自由度指数（EEI）来衡量东道国的政治制度和经济制度。其中，WGI 指数是一个包括民主议政程度、政治稳定性、政府管制效率、法治环境和腐败控制六个子指标的指数体系，可以全面反映一国（地区）政治制度质量。这六个指标的赋值区间为 -2.5 ~ 2.5，得分越高代表制度质量越高。本书将各东道国 2003—2013 年的六个子指标得分加总，得到东道国法治制度质量指标。此外，EEI 指数包含商业自由度、投资自由、贸易自由化、财务自由、财政自由、产权、政府支出、腐败状况、货币自由、劳动自由十个方面，较全面地刻画了一国的市场经济制度，是全球权威的经济自由度评价指标之一。各个指标累加后的平均值可以计算出总体系数，得分越高说明其经济自由度越高。同时，为了检验东道国与中国的制度差异对 OFDI 的影响，我们运用二者差的绝对值来衡量制度距离。

（4）控制变量

本书在模型中加入双边汇率和是否签署双边投资协定两个控制变量。中国对外直接投资对双边汇率水平的变动相当敏感，但学术界未就汇率对 OFDI 的影响达成一致，为此，我们将检验双边汇率对中国 OFDI 的影响。双边投资协定（BIT）是两国政府签订的针对双方相互投资的一系列特定协议和条款，旨在激励、促进和保护两国之间的投资，是目前国际投资领域最普遍的国际协定。当两国签有双边投资协定时，投资风险将大大降低，往往会促进签约国之间的双边投资，因此我们在模型中加入双边投资虚拟变量，反映双方是否签双边投资协定，是取1，否则取0。

3. 数据说明

本书样本来自非洲52个中国OFDI东道国。中国与东道国的GDP、人均GDP、人均国民收入皆来自联合国国民账户数据库（National Accounts Main Aggregates Database）。其他变量的来源如表：

表3.15 变量说明和数据来源

变量名	含义	数据来源
OFDI	中国对外直接投资	各年份《中国对外直接投资公报》
Dis	东道国与中国地理距离	两国政治中心地理距离，用网站 http://www.indo.com 中的距离计算器（distance calculator）计算
NR	东道国自然禀赋	东道国燃料和矿产品出口占总出口的比重，数据来源于WTO贸易统计数据库
PI	东道国政治制度	世界银行的“全球治理指数”（WGI）
EI	东道国经济制度	美国传统基金会公布的“经济自由度指数（EFI）”
Exch	中国与东道国双边汇率	国际货币基金组织数据库
BIT	中国与东道国是否签署投资保护协定	商务部网站

（三）结果分析

以往研究表明母国和东道国的经济环境与FDI存在双向因果关系。因此，模型可能存在内生性问题。为此我们采用两种方法进行处理。首先，我们借鉴蒋冠宏（2012）的做法将母国和东道国的经济变量滞后一期，以解决内生性问题。其次，为了检验结果的稳健性，我们在Heckman两步法的第二步采用系统GMM方法进行回归，同样能解决内生性问题。同时，为了减小异方差，我们对标准差较大的变量做了取对数处理。

1. 投资动机检验

我们首先运用极大似然估计法（MLE）对Heckman模型进行基本回归，

模型 1 中的制度变量采用东道国绝对制度变量，模型 2 采用相对制度变量。从 LR 检验看，Mills 逆显著，说明存在样本自选择问题，用 Heckman 模型有效。同样，基于系统 GMM 的 Heckman 回归结果中，Mills 逆在 1% 水平上显著，进一步验证了模型的有效性，具体回归结果如表 3. 16。

表 3. 16　Heckman 选择模型估计结果

变量	基本 Heckman 回归				基于系统 GMM 的 Heckman 回归			
	投资选择 模型 1	投资规模 模型 1	投资选择 模型 2	投资规模 模型 2	投资选择 模型 1	投资规模 模型 1	投资选择 模型 2	投资规模 模型 2
Ln (gdph)	0. 556*** (4. 56)	0. 108 (0. 69)	0. 383*** (4. 51)	0. 202 (1. 34)	0. 690*** (7. 06)	2. 006*** (2. 73)	0. 569*** (6. 78)	1. 303*** (4. 80)
Ln (gdpc)	0. 186 (1. 24)	1. 209*** (4. 41)	0. 228 (1. 40)	1. 230*** (4. 57)	0. 449*** (2. 81)	2. 510*** (13. 52)	0. 548*** (3. 55)	1. 984*** (11. 15)
Ln (D)	-0. 873 (-1. 53)	-0. 308 (-0. 30)	-0. 721 (-1. 41)	-0. 641 (-0. 63)	-0. 411 (-0. 65)	-4. 568* (-1. 92)	-0. 390 (-0. 65)	-12. 508*** (-5. 34)
Ln(pgdph)	1. 090** (2. 37)	0. 183 (0. 90)	1. 023** (2. 25)	0. 085 (0. 43)	0. 230 (0. 76)	2. 006*** (2. 73)	0. 227 (0. 83)	0. 215*** (5. 10)
Ln (pgnih)	-1. 126** (-2. 19)	-0. 543** (-2. 48)	-1. 072** (-2. 22)	-0. 388** (-2. 11)	-0. 172 (-0. 53)	-3. 363*** (-4. 30)	-0. 283 (-1. 03)	-2. 955*** (-4. 11)
Nat	0. 012** (2. 56)	0. 007 (1. 31)	0. 010*** (2. 87)	0. 007 (1. 26)	0. 016*** (3. 78)	0. 451 (0. 67)	0. 015*** (3. 58)	0. 405 (0. 56)
WGI	0. 138*** (2. 99)	-0. 122** (-1. 92)	0. 005 (0. 09)	0. 145* (1. 83)	0. 074* (1. 85)	-0. 272*** (-5. 78)	0. 098* (1. 80)	0. 483 (0. 52)
EEI	-0. 087*** (-3. 73)	0. 091*** (3. 19)	0. 007 (0. 26)	-0. 013 (-0. 36)	-0. 071*** (-3. 36)	0. 034 (1. 48)	-0. 017 (-0. 79)	-0. 092*** (-8. 41)
IPA	0. 542* (1. 84)		0. 280* (1. 22)		0. 626** (2. 14)		0. 437 (1. 46)	
Exch		-5. 34e -09*** (-8. 95)		-7. 33e -09*** (-11. 73)		-7. 86e -09*** (-8. 74)		7. 08e -09*** (-21. 85)
Mills						-0. 015*** (-3. 86)		-0. 013*** (-3. 04)
C	-3. 68 (-0. 54)	-30. 802** (-2. 37)	-7. 618 (-1. 12)	-24. 829** (-1. 91)	-20. 408** (-2. 52)	-28. 946 (-1. 61)	-24. 24*** (-3. 13)	50. 766*** (2. 64)

续表

变量	基本 Heckman 回归				基于系统 GMM 的 Heckman 回归			
	投资选择模型 1	投资规模模型 1	投资选择模型 2	投资规模模型 2	投资选择模型 1	投资规模模型 1	投资选择模型 2	投资规模模型 2
LR	9.50 (0.002)	9.50 (0.002)	32.04 (0.000)	32.04 (0.000)				
Sargan						0.2434		0.3759
AR (1)						0.0000		0.0000
AR (2)						0.2158		0.2055

注：***、** 和 * 分别表示在 1%、5% 和 10% 的水平上变量显著。Sargan 值检验工具变量的合理性，接受原假设说明不存在过度识别问题，工具变量是合理的。AR (1) 和 AR (2) 判断随机干扰项是否序列相关。LR 为似然比检验，检验 Mills 逆的显著性，以判断模型是否存在样本自选择问题。

从回归结果可以看出，引力模型核心变量的符号与传统理论一致。中国 GDP 和东道国 GDP 符号为正，表明随着中国经济规模的扩大以及东道国经济规模的扩大，中国 OFDI 规模均扩大。基本 Heckman 回归结果显示中国 GDP 对投资规模影响更明显，而东道国 GDP 对投资选择影响更明显。基于系统 GMM 的 Heckman 回归结果则显示二者都显著促进了中国 OFDI 的规模。中国与东道国的距离符号为负，但结果不显著，可能与本书样本集中选择在非洲地区有关。双边投资协定显著地促进了投资规模的增加，双边汇率与 OFDI 成反比。

东道国 GDP 反映了中国 OFDI 对市场规模的寻求动机，进一步地，人均 GDP 也显示与 OFDI 正相关，反映了中国 OFDI 对市场机会的寻求动机。而人均国民收入显著地阻碍了 OFDI 的规模，说明中国对非洲廉价劳动力的需求，即效率寻求动机的存在。中国劳动力成本和非洲劳动力成本差距较大，根据雁行理论，中国劳动密集型产业向非洲地区转移是必经的经济发展阶段，也是双赢之举。华坚集团在埃塞俄比亚的成功案例也支持了这一观点。Nat 的系数为正，且在投资选择阶段显著，在投资规模阶段不显著，表明中国对非洲的 OFDI 存在资源寻求的动机，但不是影响投资规模的主要原因，与 Cheung（2012）的研究结论一致，Cheung 认为没有明显的证据证明中国对非洲的投资是以寻求自然资源为目的。中国对非洲投资的资源寻求动机往往被高估，2011 年国际货币基金组织（IMF）研究发现，在中国对非洲的直接投资中只有29%用于采矿项目。随着私有企业投资的不断增加，中国对非洲投资逐渐呈现多样化，很多小企业从事批发、零售、餐饮和纺织等行业。

东道国制度的影响我们分别采用了绝对制度变量和相对制度变量，两组回归结果均显示相对制度变量对OFDI的影响不如绝对制度变量的影响显著，蒋冠宏（2012）也认为制度接近性不适合中国的OFDI。因为描述制度绝对差异对FDI影响的“制度接近性”理论是针对发达国家间的投资提出的，发达国家的政治制度和经济制度都比较优越，而本书研究的对象是非洲国家，广大非洲国家间存在较大的制度差异且制度不稳定，中国难以与其形成稳定的制度相似性（冀相豹，2014），故制度接近性理论不一定适用，因此，我们将重点分析东道国绝对制度变量对其吸引FDI的影响。在投资选择阶段，WGI系数显著为正，而在投资规模阶段显著为负，说明中国企业在选择投资目的地时会选择政治制度较好的国家进行投资，但投资规模较大的地区政治制度环境较差。EEI系数与WGI刚好相反，在第一阶段显著为负，在第二阶段显著为正。

制度环境是影响企业选择投资地区及投资规模的重要因素。广大非洲国家，政治和经济环境较复杂，素有投资陷阱的毁誉，往往会增加企业的投资成本和投资风险，因此，企业特别是民营企业在投资选择阶段会偏向政治制度较好的国家，且中国对于治理不善国家的风险厌恶情绪不断上升。而中国OFDI具有很多自己的特点：首先，政府在投资中发挥了很大作用，并非所有的投资都是以经济利益为目的，许多投资可能出于维护两国关系的政治目的。同时，中国政府的财政、信贷等一系列扶持政策为企业走出去提供了保障；其次，中国对外投资的主体是国有企业，这些企业并不以利润最大化为唯一标准，因此不像其他投资者那样规避风险（Buckley，2007）。中国对外投资的独特性使其并不完全排斥制度环境复杂的国家，反而由于政府失灵现象的存在，中国企业能够适应东道国的投资环境，促进投资规模的增加。

中非经贸合作区是中非投资最重要的合作模式之一。由于惯性思维的存在，中国企业在做投资可行性分析时可能会选择与中国比较相近的经济自由度相对较低的国家，中非经贸区大都建立在非洲欠发达的地区。但自由度较高的环境更有利于发挥市场的作用，有利于各种资源自由流动，且有利于加强与当地企业联系，形成完整产业链，促进地区经济合作。从而经济自由度较高的国家更有利于经贸合作区的良好发展，进而吸引更多的投资。即在投资规模阶段经济自由度促进投资的增加。

2. 制度与投资动机

中国对非洲的直接投资存在不同程度的市场寻求、效率寻求和资源寻求动机，同时东道国的政治制度和经济制度对中国的 OFDI 产生显著的影响，那么东道国制度对不同投资动机的企业是否影响不同呢？本部分将分别用 WGI 和 EEI 与投资动机变量的交互项进行回归，基于系统 GMM 的 Heckman 回归结果如下表 3.17 和表 3.18，回归结果显示其他变量均与加入交互项之前的回归结果变化不大，本部分将不再详述其影响，而主要分析交互项的影响。

表 3.17 政治制度与投资动机

变量	(1) Ln (pgdph) × WGI		(2) Ln (pgnih) × WGI		(3) Nat × WGI	
	投资选择	投资规模	投资选择	投资规模	投资选择	投资规模
Ln (gdph)	0.716***	0.542***	0.708***	0.274*	0.678***	1.210***
	(7.40)	(2.81)	(7.36)	(1.6)	(6.94)	(4.21)
Ln (gdpc)	0.420***	2.034***	0.428***	1.758***	0.434***	2.218***
	(2.66)	(15.30)	(2.74)	(12.71)	(2.71)	(16.85)
Ln (D)	-0.319	-5.332***	-0.367	-3.876*	-0.226	-13.061***
	(-0.51)	(-2.60)	(-0.58)	(-1.86)	(-0.37)	(-4.42)
Ln (pgdph)	0.010*	-0.040***	0.099	1.180***	0.015	1.360**
	(1.84)	(-7.49)	(1.04)	(5.48)	(0.54)	(1.80)
Ln (pgnih)	-0.089	-1.825***	0.011**	-0.051***	-0.053	-3.977***
	(0.89)	(-7.04)	(2.01)	(-8.36)	(-0.18)	(-6.30)
Nat	0.016***	0.404	0.016***	0.812	0.001	-0.001**
	(3.71)	(0.68)	(3.76)	(1.50)	(0.68)	(-2.10)
IPA	0.608**		0.584**		0.723**	
	(2.06)		(1.98)		(2.39)	
Mills		-0.015***		-0.017***		-0.238***
		(-3.13)		(-4.49)		(-9.28)
C	-21.058***	-4.271	-20.684**	-8.820	-22.916***	55.811**
	(-2.61)	(-0.27)	(-2.55)	(-0.57)	(-2.89)	(2.30)

续表

变量	(1) Ln (pgdph) × WGI		(2) Ln (pgnih) × WGI		(3) Nat × WGI	
	投资选择	投资规模	投资选择	投资规模	投资选择	投资规模
Sargan		0. 2558		0. 2715		0. 2475
AR (1)		0. 0000		0. 0000		0. 0000
AR (2)		0. 9284		0. 8450		0. 8838

注：***、**和*分别表示在1%、5%和10%的水平上变量显著。模型(1)中Ln(pgdph)显示的是Ln(pgdph)×WGI的回归结果，模型(2)中Ln(pgnih)显示的是Ln(pgnih)×WGI的回归结果，模型(3)中Nat显示的是Nat×WGI的回归结果。

投资动机与政治制度的交互项Ln(pgdph)×WGI、Ln(pgnih)×WGI和Nat×WGI均在第一阶段为正，在第二阶段为负。表明政治制度较好的东道国，人均GDP、人均国民收入和资源禀赋促进中国OFDI的投资选择，但不利于投资规模；政治制度较差的东道国，人均GDP、人均国民收入和资源禀赋阻碍中国OFDI的投资选择，促进投资规模。即中国OFDI投资选择偏向于政治制度较好、人均GDP较高、人均国民收入较高和资源禀赋充裕的国家。也就是东道国政治制度促进市场寻求型和资源寻求型OFDI的投资选择，阻碍效率寻求型OFDI的投资选择；而质量好的制度环境阻碍市场寻求型和资源寻求型OFDI的投资规模，促进效率寻求型OFDI的投资规模。

表3.18　经济制度与投资动机

变量	(1) Ln (pgdph) × EEI		(2) Ln (pgnih) × EEI		(3) Nat × EEI	
	投资选择	投资规模	投资选择	投资规模	投资选择	投资规模
Ln (gdph)	0. 666***	0. 558**	0. 644***	0. 443	0. 592***	1. 421**
	(6. 98)	(2. 32)	(7. 15)	(1. 53)	(6. 59)	(2. 30)
Ln (gdpc)	0. 441***	2. 602***	0. 460***	2. 212***	0. 485***	1. 945***
	(2. 83)	(14. 66)	(2. 98)	(12. 49)	(3. 08)	(33. 54)
Ln (D)	-0. 157	-7. 148***	-0. 259	-4. 630**	-0. 849	-11. 160***
	(-0. 26)	(-2. 75)	(-0. 42)	(-2. 04)	(-1. 30)	(-4. 42)
Ln (pgdph)	-0. 005**	0. 004	0. 411**	1. 234***	0. 324	1. 422**
	(-2. 35)	(1. 48)	(2. 40)	(3. 63)	(1. 38)	(2. 30)
Ln (pgnih)	-0. 354*	-1. 707***	-0. 006***	0. 002	-0. 340	-3. 841***
	(-1. 90)	(-6. 40)	(-2. 87)	(1. 08)	(-1. 39)	(-8. 35)

续表

变量	(1) Ln (pgdph) × EEI		(2) Ln (pgnih) × EEI		(3) Nat × EEI	
	投资选择	投资规模	投资选择	投资规模	投资选择	投资规模
Nat	0.015*** (3.53)	0.012*** (3.51)	0.015*** (3.55)	0.017*** (-5.65)	0.001*** (3.44)	-0.001*** (-4.43)
IPA	0.694** (2.33)		0.712** (2.39)		0.613** (2.08)	
Mills		-0.230** (-5.28)		-1.215* (-1.70)		-1.072*** (-2.74)
C	-26.074*** (-3.33)	-6.059 (0.30)	-25.460*** (-3.23)	-18.240 (-0.99)	-18.860** (-2.51)	44.228** (1.99)
Sargan		0.22707		0.2793		0.2521
AR (1)		0.0000		0.0000		0.0000
AR (2)		0.1954		0.2164		0.9054

注：模型（1）中 Ln（pgdph）显示的是 Ln（pgdph）* EEI 的回归结果，模型（2）中 Ln（pgnih）显示的是 Ln（pgnih）* EEI 的回归结果，模型（3）中 Nat 显示的是 Nat * EEI 的回归结果。

交互项 Ln（pgdph）* EEI、Ln（pgnih）* EEI 在第一阶段为负，在第二阶段为正但不显著，表明经济制度负向影响市场寻求型 OFDI 的投资选择而正向影响效率寻求型 OFDI 的投资选择。经济制度较好的东道国，人均 GDP 和人均国民收入阻碍中国 OFDI 的投资选择；政治制度较差的东道国，人均 GDP 和人均国民收入促进中国 OFDI 的投资选择。Nat * EEI 在第一阶段为正，在第二阶段为负。即中国 OFDI 投资选择偏向经济制度较好、人均 GDP 较低、人均国民收入较低以及资源禀赋充裕的国家，在经济制度较差且资源丰富的国家投资规模较大，也就是东道国经济制度阻碍市场寻求型的投资选择，促进效率寻求型和能源寻求型 OFDI 的投资选择，阻碍能源寻求型 OFDI 的投资规模。

东道国制度对市场寻求型和效率寻求型 OFDI 的影响是由这两种投资的性质决定的。良好的政治制度环境，如健全的法制环境、高效的政府管制等是实现过剩产能转移的必要条件，但以最小化成本为目标的效率寻求型 OFDI 往往会选择制度不健全，员工权利得不到保护的制度环境较差的环境，就像随着我国劳动法的不断完善，许多外资企业开始将生产转移到越南、老挝等国家进行。而同样为了实现效率最大化，良好的经济制度对效率寻求型OFDI却是必的。民营企业投资越来越多，在投资选择问题上更偏向于公司利润最大化，但最终总体的投资规模往往是由国有企业投资决定的，制度因素对投资规模的影响与未加交互项时的影响一致。

资源禀赋与政治制度和经济制度的交互项均在第一阶段为正，在第二阶段为负，表明中国对外投资选择阶段倾向于制度环境好、资源丰富的东道国，与西方国家对中国的指责不相符。第二阶段显著为负，表明在制度环境差、资源丰富的东道国，中国对其投资规模较大，Kolstad et al.（2010）也发现中国企业倾向于向制度环境较差而自然资源禀赋较好的东道国投资。可能同是发展中国家，中国企业可以较快适应东道国的制度环境并有效规避其制度缺陷。同时，中国国有企业投资者对投资风险具有较高的承受能力。最后，中国对外投资起步较晚，可选择的对外投资市场制度环境往往较差。

三、企业层面对外直接投资的测算

前面介绍了宏观层面对外投资的情况，而我们的文章是从企业角度出发，检验企业投资的影响因素，因此需要从微观视角对企业的OFDI进行测算。现有关于OFDI微观层面的数据主要包含两部分，一个是对外投资规模，一个是对外投资企业数量。其中关于OFDI规模的数据只有浙江省的数据，而关于企业对外投资的研究还普遍使用《中国境外企业（机构）投资名录》，名录中包含对外投资企业的名称、投资目的国、经营范围等基本信息。通过与《中国工业企业数据库》匹配，可以得到企业的其他财务信息。我们在文章中主要用企业是否投资的虚拟变量进行衡量。

第四节　本章小结

构建合理的指标是保证实证检验有效的基础，本书涉及的主要解释变量有生产率和融资异质性，被解释变量包含出口和对外直接投资，关于出口描述的文献比较丰富，在此我们重点介绍对外直接投资数据的相关特点。基本思路是在梳理回归相关方法上，重点介绍文章中要到的衡量方法，并分析不同指标测算所得结果的特点。

首先，我们介绍了索洛余值法、数据包络方法以及随机前沿方法等衡量生产率的指标，其中以索洛余值法为代表的生产函数方法需要构建具体的生产函数，生产函数构建的偏误会引起最终生产率测算的偏误。数据包络法等非参数衡量方法克服了参数法构建生产函数的不足，但缺乏对相关经济变量关系的考虑，也存在严重的不足。因此，我们用可以克服同步偏差问题和选择偏差的半参数估计法，LP 和 OP 方法，并对这两种测算方法计算出的生产率水平进行了简单的统计描述。从生产率的均值水平看，外资企业的生产率水平最高，私营企业的次之，国有企业的最低。

其次，运用世界银行的调查数据、工业企业数据库及对外直接投资名录，通过调查问卷数据统计、欧拉方程以及建立综合指标等方法，对中国企业的融资约束异质性进行了全面的分析，并得到以下结论：

（1）世界银行调查数据显示，所有权性质、企业规模以及所属行业不同，企业的融资约束也呈现很大的差异。国有企业比私营企业更容易获得金融资源，小规模企业中融资约束非常厉害的企业比率较高，制造业有较高比例的企业难以获得金融资源。

（2）欧拉方程的结果显示，融资约束问题普遍存在，但出口企业和 OFDI 企业面临的融资约束较低，国有企业和外资企业的融资约束要低于民营企业，制造业企业面临的融资约束较高。

（3）出口和 OFDI 企业的综合得分较高，国有企业和外资企业的得分高于民营企业，制造业企业的得分低于非制造业企业，融资约束指数反映的情况与综合得分和欧拉方程一致。在接下来的实证过程中，我们将根据实际需要采用不同的方法进行衡量企业的融资异质性。

最后，本章的第三节运用中国对外直接投资公报的宏观数据，对中国对外直接投资的总体规模、变化趋势、国别分布、洲际分布等进行了描述，中国对外直接投资从 2003 年以来保持持续的增长状态，成为三大对外投资国之一；对外直接投资相对集中，主要分布在亚洲和拉丁美洲等发展中国家，对发达国家投资规模较小。

中国对发展中国家的直接投资动机一直备受争议，因此我们选择具有代表意义的非洲地区作为研究对象，运用中国对非洲 52 个国家的面板数据，采用 Heckman 模型对其投资动机进行了全面检验，并进一步分析了东道国制度因素对中国 OFDI 的影响，得到主要结论如下：

（1）东道国市场规模、劳动力成本及资源禀赋都是影响中国对其投资的重要因素，并在投资选择和投资规模阶段发挥不同的作用，资源寻求只是中国对非洲投资选择的一个影响因素，并非中国对其投资的主要目的。

（2）东道国的制度环境也是影响中国对其投资的重要因素。政治制度在投资选择阶段促进投资，在投资规模阶段阻碍投资，经济制度则刚好相反，在投资选择阶段阻碍投资，在投资规模阶段促进投资。

（3）东道国的制度环境会对不同的投资动机产生不同的影响。东道国政治制度促进市场寻求型和资源寻求型 OFDI 的投资选择，阻碍效率寻求型 OFDI 的投资选择；而好的制度环境阻碍市场寻求型和资源寻求型 OFDI 的投资规模，促进效率寻求型 OFDI 的投资规模。东道国经济制度阻碍市场寻求型的投资选择，促进效率寻求型和能源寻求型 OFDI 的投资选择，阻碍能源寻求型 OFDI 的投资规模。

第四章　生产率与企业国际化选择

新新贸易理论提出生产率异质性是影响企业是否出口的关键因素，在决定哪些企业出口的时候，满足“自选择效应”，即效率高的企业才能出口，企业出口之后会通过“学习效应”进一步提升其生产率。本章我们将从生产率视角检验出口和对外直接投资是否满足自选择效应，企业走出去之后学习效应又如何。

第一节　生产率和出口在企业OFDI选择中的作用

一、引言

对外直接投资（OFDI）和出口是企业参与国际市场的两种基本形式，运输成本、贸易壁垒以及汇率等都是影响企业选择国际化形式的重要因素，国际贸易和投资的相关文献也给予了大量的分析和研究。随着新新贸易理论的发展，企业在生产率方面的异质性成为大家普遍关注的话题。Helpman（2004）认为只有生产率最高的企业才会选择对外直接投资，中等生产率的企业会选择出口，低生产率的企业仅在国内生产，生产率最低的企业退出市场，即存在“自选择效应”。因为与国内生产相比，对外直接投资和出口都面临额外的固定成本，包括调查分析国外市场、设置新的销售渠道以及使产品更适合当地消费者的偏好等。同时，在国外生产的成本要高于出口的成本，但OFDI会降低出口的运输成本。因此，企业的生产率高低与企业的国际化程度成正相关关系。许多实证研究也证明了自选择效应的存在，但我国学者提出了出口企业生产率低于非出口企业生产率的“生产率悖论”，那我国对外投资企业和出口企业间是否也存在生产率悖论问题？我们将进一步验证。

随着“走出去”战略的实施，中国对外直接投资规模不断扩大，截至2012年设立境外企业2.2万家，成为世界第三大对外投资国。同时，对外直接投资和出口之间的互补或替代关系也是学者们普遍关心的问题。一种观点认为在东道国的生产会替代企业对该国的出口，另一种相反的观点则认为二者存在互补关系，第三种观点则认为二者的关系不确定。国内学者从宏观和微观视角检验了 OFDI 对出口的影响，但鲜有文章检验出口是否会有利于企业对外投资。我国有超过一半对外投资企业以服务业的形式参与国际活动，且大部分与出口相关（Chen，2014），那是否具有出口经验的企业更容易对外直接投资呢？

基于此，我们首先检验企业的 OFDI 和出口决策是否满足“自选择效应”，OFDI 企业的生产率是否高于出口企业的生产率；其次，检验企业的出口和 OFDI 之间是互补还是替代关系，并进一步检验出口通过学习效应提高生产率从而间接对 OFDI 产生的影响。具体安排如下：第二部分用一阶随机占优 K－S 方法检验企业出口和 OFDI 是否存在“自选择效应”；第三部分运用 Tobit 模型检验出口对 OFDI 的直接和间接影响。

二、自选择效应

（一）全要素生产率

计算全要素生产率的方法主要有参数法、非参数法和近似全要素生产率方法等。为了避免由于生产率与投入要素之间的相关性而导致的生产函数系数估计偏误，本书将分别采用 Levinsohn 和 Petrin（2003）的方法（LP）和 Olley 和 Pakes（1996）的方法（OP）计算 TFP。其中 LP 法以企业中间投入作为不可观测的生产率代理变量，OP 法用企业的投资作为企业生产率的代理变量，有效地克服企业要素投入的内生性以及传统估计方法中普遍存在的同步偏差问题和选择偏差问题。LP 法的回归方程为：

$$v_t = \alpha_0 + \alpha_1 L_t + \alpha_k K_t + w_t + \eta_t = \alpha_1 L_t + \varphi_t(K_t,\ m_t) + \eta_t \tag{4.1}$$

其中$\varphi_k(k_t,\ m_t) = \alpha_0 + \alpha_k K_t + w_t(k_t,\ m_t)$，t 表示年份，$v_t$表示增加值，$L_t$、$K_t$、$m_t$分别表示劳动投入、资本投入和中间投入，计算过程中资本变量选择固定资产值，代理变量选择工业中间投入，产出变量采用工业增加值，并分别用分地区固定资产投资价格指数和燃料、动力类工业生产者购进价格指数以及工业生产者出厂价格指数（以 2003 年为基期）进行平减。

OP 法的回归方程为：

$$v_t = \beta_0 + \beta_1 K_{it} + \beta_2 L_{it} + h(I_{it},\ K_{it}) + \beta_3 m_{it} + \eta_{it} \tag{4.2}$$

$$=\beta_0+\beta_1 L_{it}+\varphi(I_{it}, K_{it})+\beta_2 m_{it}+\eta_{it} \tag{4.3}$$

$$\varphi(I_{it}, K_{it})=\beta_0+\gamma K_{it}+?\ (\varphi_{t-1}-\gamma_k K_{t-1})+\mu_{it} \tag{4.4}$$

其中i_t表示投资，具体回归中我们以工业增加值为产出变量，资本密集度为状态变量，投资为代理变量，从业人员和中间品投入为自由变量。

（二）K－S 非参数检验

为全面反映出口企业和 OFDI 企业的生产率分布差异，我们采用一阶随机占优 Kolmogorov－Smirnov（K－S）检验。设出口企业和 OFDI 企业的生产率分布函数分别为$F_1(\varphi)$和$F_2(\varphi)$，$\forall\varphi\in\varphi$，$F_1(\varphi)\geqslant F_2(\varphi)$，且$\exists\varphi_0$，使$F_1(\varphi_0)\geqslant F_2(\varphi_0)$，则称$F_2$一阶随机占优$F_1$，即 OFDI 企业的生产率高于出口企业的生产率。为实现一阶随机占优的思想，需进行双边和单边检验，双边检验用于检验样本分布是否存在差异，单边检验用于判断一阶随机占优。具体的：

双边 K－S 检验：

原假设：$F_1(\varphi)=F_2(\varphi)$，$\forall\varphi\in\varphi$；备择假设：$F_1(\varphi)\neq F_2(\varphi)$，$\forall\varphi\in\varphi$

构建统计量：

$$D=\sqrt{\frac{mn}{N}}\max_{0\leqslant i\leqslant N}\left|F_{1,n}(\varphi_i)-F_{2,m}(\varphi_i)\right| \tag{4.5}$$

其中，m 和 n 分别为两组样本观测值的个数，$N=m+n$。

单边 K－S 检验：

原假设：$F_1(\varphi)\geqslant F_2(\varphi)$，$\forall\varphi\in\varphi$；备择假设：$F_1(\varphi)<F_2(\varphi)$，$\forall\varphi\in\varphi$

$$D=\sqrt{\frac{mn}{N}}\max_{0\leqslant i\leqslant N}\left|F_{2,m}(\varphi_i)-F_{1,n}(\varphi_i)\right| \tag{4.6}$$

因此，为了使 OFDI 企业的生产率高于出口企业的生产率，即F_2一阶随机占优F_1，要需要拒绝双边 K－S 检验的原假设，同时接受单边 K－S 检验的原假设。

（三）K－S 非参检验结果

为全面检验企业出口和对外投资的“自选择效应”，我们通过《中国工业企业数据库》和《境外投资企业（机构）名录》匹配[①]得到所需的研究样

① 具体匹配方式请见数据来源部分。

本，其中对外投资企业 1631 家，既对外投资也出口的企业有 1205 家，仅出口企业 344763 家。在此基础上，分三组分别对出口企业、OFDI 企业和既出口也对外投资企业的生产率①进行一阶随机占优 K－S 检验，具体检验结果如表 4.1。

第一组检验 OFDI 企业和出口企业的生产率。双边检验结果除 2004 年之外均拒绝原假设，表示 OFDI 企业和出口企业生产率具有明显差异，同时单边检验结果均接受原假设，表示 OFDI 企业的生产率优于出口企业的生产率，符合 HMY 理论的“自选择效应”，效率最高的企业以 OFDI 的方式参与国际市场；第二组检验既出口也对外直接投资企业与仅出口企业的生产率差异。双边检验结果均拒绝原假设，同时单边检验结果均接受原假设，即既出口也对外直接投资企业的生产率明显优于出口企业的生产率；第三组检验既出口也对外直接投资企业和仅对外直接投资企业的生产率差异。双边检验结果仅有 2006 年和总体拒绝原假设，单边检验接受原假设，表明既出口也对外直接投资企业的生产率略优于 OFDI 企业的生产率，但不显著。总之，生产率在企业参与国际活动的选择中起重要作用，效率最高的企业对外投资，效率次之的则出口，这与新新贸易理论的基本结论一致。

表 4.1　K－S 非参数检验结果

年份	第一组		第二组		第三组	
	双边检验	单边检验	双边检验	单边检验	双边检验	单边检验
2003	0.829** (0.032)	-0.035 (0.993)	0.606*** (0.006)	-0.0004 (1.000)	0.500 (0.646)	-0.250 (0.761)
2004	0.440 (0.288)	-0.186 (0.709)	0.448*** (0.000)	-0.0304 (0.949)	0.193 (0.977)	-0.121 (0.882)
2005	0.256*** (0.000)	-0.031 (0.870)	0.251*** (0.000)	-0.0001 (1.000)	0.122 (0.400)	-0.033 (0.888)
2006	0.163*** (0.002)	-0.040 (0.644)	0.246*** (0.000)	-0.0002 (1.000)	0.169*** (0.008)	-0.002 (0.999)
2007	0.250*** (0.000)	-0.009 (0.966)	0.253*** (0.000)	-0.0001 (1.000)	0.080 (0.267)	-0.019 (0.887)

① 表中所显示的结果是运用 LP 方法计算 TFP 检验所得。

续表

年份	第一组		第二组		第三组	
	双边检验	单边检验	双边检验	单边检验	双边检验	单边检验
总	0.237***	-0.009	0.280***	-0.0001	0.081**	0.000
	(0.000)	(0.932)	(0.000)	(1.000)	(0.032)	(1.000)

注：第一组是OFDI和出口企业的对比，第二组是既出口也对外直接投资企业和出口企业的对比，第三组是既出口也对外直接投资的企业和OFDI企业对比。***、**和*分别表示在1%、5%和10%的水平上显著。

K-S检验结果表明"自选择效应"存在，效率最高的企业对外直接投资。但生产率并非企业对外投资选择的唯一决定因素，企业往往会偏向到自己熟悉的地区投资，Pradhan（2007）和Narayanan（2011）认为企业的投资行为取决于其对国外市场的熟悉程度。而出口企业对出口东道国的政治、经济及文化环境更加熟悉，有利于企业在该国开展投资。且出口企业存在出口学习效应，即出口贸易会提高企业的生产率水平。面对不同于国内市场的需求以及激励的国际竞争，出口企业往往可以通过学习国外的先进技术、利用东道国的资源以及促进规模经济的实现等方式提高自身的生产率水平，许多以发展中国家为实证对象的研究都证明了出口学习效应的存在（De Loecker，2007）。随着微观企业数据的发展，国内学者钱学锋等（2011）也证明了中国企业出口会提高生产率。企业生产率的提高会进一步促进企业对外直接投资，因此我们假设，出口既可以通过熟悉市场直接促进对外直接投资也可以通过学习效应提高生产率从而间接促进对外投资。接下来我们将进一步验证。

三、出口对OFDI的影响

（一）构建模型

跨国公司在经济全球化过程中发挥着重要的作用，想要理解全球化对世界各国环境、工资以及经济平衡的影响，首先必须分析跨国公司的行为，分析其通过出口还是对外直接投资服务国际市场。通过K-S结果分析我们已经发现出口企业和OFDI企业在生产率上的差异，为进一步分析生产率对企业投资的影响，同时分析出口企业相对于非出口企业的信息和市场优势以及学习效应对企业 OFDI 的影响，我们建立企业 OFDI 决定因素的模型。

$$OFDI_{it} = \beta_0 + \beta_1 TFP_{it} + \beta_2 EX_{it} + \sum \beta_i X_{it} + \mu_i + \varepsilon_{it} \quad (4.7)$$

$$OFDI_{it} = \beta_0 + \beta_1 TFP_{it} + \beta_2 TFP_{it} \times EX_{it} + \sum \beta_i X_{it} + \mu_i + \varepsilon_{it} \quad (4.8)$$

$OFDI_{it}$表示企业 i 在 t 时期是否对外直接投资，对外直接投资企业取 1，否则取 0。TFP 用来衡量企业的生产率，为保证模型的稳健性，我们将分别用 LP 和 OP 方法计算的 TFP 进行检验，同时为控制可能存在的内生性，将 TFP 的滞后期作为解释变量。为检验出口对 OFDI 的影响，模型中我们加入企业出口交货值（EX）来衡量出口。μ_i表示时间、地区和行业固定效应。ε_{it}为随机扰动项，均值为 0。

模型中还加入企业年龄、企业规模、所有制、资本密集度等反映企业自身特点的控制变量。企业年龄（Age），企业成立时间越长可能经营能力越强、信用越好，越有能力参与国际竞争。为保证研究的有效性，我们首先去掉营业状态为停业、撤销等状态的企业，仅保留营业状态的企业，然后企业年龄用样本年份与企业成立年份的差值表示；企业规模（Size），企业规模越大，越容易产生规模经济，越容易投资国际市场，用年末工人数表示；企业所有制，为控制企业是否为外资企业以及是否为国企，分别用两个虚拟变量表示企业的所有制，虚拟变量为 1 时分别表示企业为外资企业、国有企业。企业资本密集度（Capital Intersity），用固定资产净值年均余额与从业人员平均人数比表示。

（二）数据来源

文章所用的数据来源于《中国工业企业数据库》和《境外投资企业（机构）名录》。《中国工业企业数据库》由国家统计局对全部国有和规模以上非国有企业每年的调查收集而成，包含了丰富的企业层面信息。《境外投资企业（机构）名录》则包含了 OFDI 企业的名称、所在境外投资企业（机构）及其东道国经营范围、核准日期等。我们通过企业名称将两个数据库进行匹配，从而得到企业投资、出口以及企业特征的相关数据。匹配之前我们首先对工业企业数据库的异常值进行处理，具体参照蒋冠宏（2014）的方法，第一，删除遗漏重要财务指标（工业总产值、固定资产净值、销售额）；第二，删除雇员人数在 10 人以下的指标；第三，删除不符合一般会计准则（GAAP）的样本，包括流动资产超过固定资产的企业、总固定资产超过总资产的企业和固定资产净值超过总资产的企业。

（三）回归结果

1. 出口对 OFDI 的直接影响

为检验生产率对企业 OFDI 决策的影响，我们分别采用 LP 和 OP 方法计算得到的生产率作为解释变量，同时，为了验证出口企业更具有对外投资动机，我们运用 Probit 模型对企业的 OFDI 行为进行回归分析，且 LR test of rho = 0 的检验表明不可忽略不可观测变量的影响，采用 xtprobit 回归更有效，具体结果如下：

表 4.2 生产率和出口对 OFDI 的影响

	基本模型回归结果		控制内生性回归结果	
	TFP—LP	TFP—OP	TFP—LP	TFP—OP
TFP_{it}	0.076*** (5.74)	0.076*** (5.74)		
TFP_{it-1}			0.071*** (5.53)	0.072*** (5.62)
EX_{it}	0.109*** (10.87)	0.108*** (10.87)		
EX_{it-1}			0.100*** (10.08)	0.100*** (10.06)
Age_{it}	0.004*** (4.18)	0.004*** (4.18)	0.004*** (3.54)	0.004*** (3.53)
$Size_{it}$	0.039*** (2.94)	0.038*** (2.84)	0.040*** (2.80)	0.038*** (2.67)
K_{it}	0.094*** (9.43)	0.091*** (9.12)	0.093*** (8.66)	0.091*** (8.42)
是否外资	-0.204*** (-6.20)	-0.203*** (-6.20)	-0.232*** (-6.61)	-0.232*** (-6.62)
是否国企	0.469*** (4.05)	0.469*** (4.05)	0.483*** (3.73)	0.483*** (3.73)
C	-4.889*** (-57.13)	-4.888*** (-57.13)	-4.665*** (-50.74)	-4.667*** (-50.77)

续表

	基本模型回归结果		控制内生性回归结果	
	TFP—LP	TFP—OP	TFP—LP	TFP—OP
时间固定效应	是	是	是	是
地区固定效应	是	是	是	是
行业固定效应	是	是	是	是
Obs.	340081	340081	235738	235738
Log likelihood	-5160.6902	-5160.6902	-4535.157	-4535.4057
Wald test	294.78 (0.000)	294.78 (0.000)	275.72 (0.000)	276.12 (0.000)
LRtest of rho = 0	4362.42 (0.000)	4362.42 (0.000)	4240.75 (0.000)	4240.34 (0.000)

注：***、** 和 * 分别表示在 1%、5% 和 10% 的水平上显著。

两组回归结果均显示全要素生产率显著促进企业的对外投资决策，进一步证明了生产率在企业国际化选择中的重要作用。出口对 OFDI 的影响系数也显著为正，证明了二者的互补关系，表明具有出口经验的企业更容易对外投资，这可能得益于出口企业对海外市场的熟悉。通过《中国工业企业数据库》和《境外投资企业名录》匹配，我们共得到 1631 家对外投资企业，其中既对外投资也出口的企业有 1205 家，占 70% 以上。根据自选择效应，为克服较高的固定成本及各种市场进入成本，对外投资企业必须具备较高的生产率，但中国许多对外投资企业可能没有达到东道国的生产率门槛要求，因此这些企业往往采取非直接生产的商贸服务形式参与国际市场，2012 年中国租赁和商务服务业对外直接投资流量 267.4 亿美元，占 30.4%。商务服务类投资的主要职能是进出口服务、接受订单和仓储服务、产品推广和销售、收集产品信息、联系客户和售后服务等，是为了促进出口而产生的，因此出口的增加会带动更多的投资。Buckley（2007）发现母国与东道国的进出口贸易都能促进 OFDI，出口导向型的经济体通过出口对国外市场产生进一步了解，从而促进其通过 OFDI 的方式在国际市场上开展活动。Zhang（2011）运用中国 2003 到 2009 年的面板数据研究表明，中国对东道国的出口会显著地促进中国对其直接投资。Chen（2014）运用中国微观数据研究发现效率较高、规模较大、出口密集型的企业更容易对外直接投资。

各控制变量也都通过了1%的显著性检验，可见，充足的资本、较大的规模以及较长的经营时间都可以促进企业开展对外投资活动。是否外资的系数显著为负，表明外资企业缺乏对外投资动机。虽然外资企业具有丰富的海外市场和资源，但其主要想利用中国廉价的劳动力资源完成简单的组装生产任务，将最终产品返销回母国或出口到第三国，即使外资企业有对外投资动机时，它们也会倾向于母国总部直接对外投资而不会选择在中国的子公司进行（Chen，2014）。是否国企的系数显著为正，表明国有企业更有利于对外投资。这与传统观点以及国有企业在我国对外直接投资企业中占很大比重的事实相符，因为国有企业具有雄厚的资金、承担风险能力强及政府支持等优势。

虽然模型控制了固定效应，但企业对外直接投资会通过学习效应等提高生产率，且企业的对外投资也会对出口产生影响，因此模型可能存在双向因果引起的内生性问题。我们采用 Wooldridge（2002）的方法，将生产率和出口的滞后一期作为解释变量放在模型中，这样就排除了企业当期 OFDI 对生产率的影响。回归结果如表 2 第三列和第四列，回归结果非常稳健，且回归系数与之前的回归结果相近，表明生产率仍然显著地促进企业 OFDI 行为，其他控制变量也很稳健。

2. 出口对 OFDI 的间接影响

为检验出口对 OFDI 的间接影响，我们通过在模型中加入出口和生产率的交互项来检验，为了保证模型的稳健性，我们分别运用 LP 方法和 OP 方法测度全要素生产率，且分别用面板 Probit 和 Logit 两种回归方法对模型进行了检验，同时为了避免模型的内生性，模型中的生产率和出口变量均采用滞后一期的值。具体回归结果如表 4.3 所示：

表 4.3　出口对 OFDI 的间接影响

	Probit 回归结果		Logit 回归结果	
	TFP—LP	TFP—OP	TFP—LP	TFP—OP
TFP_{it-1}	0.044*** (3.32)	0.045*** (3.40)	0.118*** (3.18)	0.120*** (3.25)
$TFP_{it-1} * EX_{it-1}$	0.077*** (10.94)	0.077*** (10.90)	0.213*** (10.88)	0.212*** (10.84)

续表

	Probit 回归结果		Logit 回归结果	
	TFP—LP	TFP—OP	TFP—LP	TFP—OP
Age_{it}	0.003 *** (3.20)	0.004 *** (3.18)	0.008 *** (2.66)	0.008 *** (2.65)
$Size_{it}$	0.031 *** (2.13)	0.028 ** (1.97)	0.088 *** (2.25)	0.082 *** (2.09)
K_{it}	0.086 *** (8.02)	0.082 *** (7.63)	0.225 *** (7.53)	0.215 *** (7.14)
是否外资	-0.232 *** (-6.58)	-0.232 *** (-6.58)	-0.690 *** (-6.83)	-0.691 *** (-6.84)
是否国企	0.495 *** (3.80)	0.494 *** (3.80)	1.267 *** (3.67)	1.265 *** (3.67)
C	-4.711 (-50.84)	-4.712 *** (-50.86)	-11.114 *** (-46.18)	-11.116 *** (-46.20)
时间固定效应	是	是	是	是
地区固定效应	是	是	是	是
行业固定效应	是	是	是	是
Obs.	233311	233311	233311	233311
Log likelihood	-4513.0591	-4513.0459	-4504.9992	-4504.9992
Wald test	196.05 (0.000)	196.08 (0.000)	330.49 (0.000)	330.49 (0.000)
LRtest of rho = 0	4159.64 (0.000)	4159.67 (0.000)	4166.57 (0.000)	4166.57 (0.000)

注：***、** 和 * 分别表示在 1%、5% 和 10% 的水平上显著。

模型回归结果均通过了 1% 的显著性检验，出口和生产率的交互项显著为正，表明出口通过提高生产率显著地促进企业的对外直接投资。改革开放以来中国对外出口规模不断增加，为中国经济增长带来了巨大的增长动力，因为出口是国际技术扩散的重要途径，国际技术扩散是发展中国家和地区技术进步的一个重要来源，毫无疑问，中国企业的出口会通过“边出口边学习”的方式促进国内企业生产率的提高。中国一直是引资大国，对外直接投资规模相对较小，根本原因是中国企业自身生产率较低，未达到对外投资的条件。只有极少数生产率较高的企业才会对外投资，而可能是因为出口的促进作用，企业的生产率提高，不断达到对外投资的生产率门槛，从而促进了企业的 OFDI。这与 Dunning（1988）的投资发展路径（IDP）理论一致，该理论是在其折衷理论基础上发展起来的、最成熟的投资理论。IDP 理论认为一个国家的投资是由其经济发展水平决定的，经济发展水平较低时，对外直接投资较少，随着技术水平的不断提高，对外投资规模不断扩大，最后达到引资和投资规模都很大的水平。

文章第二部分验证了生产率在企业投资和出口决定中的作用，表明了生产率在企业投资决策中起重要作用，本部分证明了出口通过提高生产率间接促进投资的增加，进一步证明了出口和 OFDI 之间的互补关系，与 Thomas（2013）的研究结论一致。其他变量与之前的回归结果类似，不再赘述。

3. 稳健性检验

本书利用中国工业企业数据库中 30 多个行业大类的数据进行实证分析，虽然在回归过程中我们控制了行业效应，但各个行业在企业规模、企业数量及出口规模上往往存在着系统的差异性，同一个行业内的企业存在自相关，不满足扰动项相互独立的假设，从而可能使估计结果有偏误。经调整的聚类稳健标准差考虑了残差项的相互关系，从而使回归结果更有效（Petersen，2009）。因此，我们进一步运用残差项聚类稳健回归对模型作进一步的检验，同时控制其他两个可能引起偏误的地区和时间效应。

新新贸易理论关于企业 OFDI 和生产率的关系主要有“自选择效应”和“学习效应”两个方面，前者强调只有生产率达到一定水平的企业才可以对外投资，即生产率对企业投资的影响；而后者则强调企业对外投资后通过学习效应可以提高生产率水平，即 OFDI 对生产率的影响。本书的模型中同时包括对外投资和生产率，因此，可能存在由于二者之间的双向因果关系导致的内生性；同时，出口和 OFDI 是企业国际化选择的两种方式，二者之间存在相互影响的关系是本书可能存在内生性的另一个方面。文章在回归中运用 Wooldridge（2002）的方法对内生性进行了克服，为进一步确定模型的稳健性，我们将分别以生产率的滞后一期和出口的滞后一期为工具变量，通过工具变量法对模型进行进一步的检验。

同时，为了进一步保证模型的稳健性，我们考察首次对外直接投资企业的情况，首次对外直接投资为 1，其余为 0，分别对模型（1）和模型（2）

重新回归。运用首次 OFDI 的企业可以有效地避免企业 OFDI 后对生产率和出口产生的反向作用，从而很好地控制内生性，具体如表 4.4。

表 4.4　稳健性检验结果

	残差项聚类稳健分析		工具变量回归		首次 OFDI	
	模型（1）	模型（2）	模型（1）	模型（2）	模型（1）	模型（2）
TFP_{it}			0.094*** (4.56)	0.054 (1.58)		
TFP_{it-1}	0.196** (2.38)	0.135*** (3.18)			0.633*** (−24.31)	0.801*** (−9.32)
EX_{it}			0.097*** (7.59)			
EX_{it-1}	0.215*** (3.75)				0.790*** (−17.78)	
交互项		0.238*** (3.69)		0.059*** (4.49)		0.790*** (−17.78)
$Size_{it}$	0.287*** (5.20)	0.165*** (3.02)	0.035*** (2.61)	0.058*** (5.29)	0.876*** (−3.86)	0.873*** (−3.98)
K_{it}	0.161*** (3.47)	0.196*** (4.54)	0.071*** (8.41)	0.070*** (8.47)	0.913*** (−5.74)	0.907*** (−6.18)
是否外资	−0.620*** (−2.88)	−0.834*** (−3.49)	−0.295*** (−9.70)	−0.274*** (−9.26)	−0.570*** (−5.34)	−0.571*** (−5.34)
是否国企	0.759 (1.40)	1.038** (2.13)	0.329*** (3.10)	0.399*** (3.98)	0.455* (−1.89)	0.455* (−1.89)
C	−9.941*** (−12.37)	−10.601*** (29.47)	−4.614*** (−56.92)	−4.495*** (−63.91)	−4.428*** (−14.69)	−4.360*** (−14.62)
时间	是	是	是	是	是	是
地区	是	是	是	是	是	是
行业	否	否	是	是	是	是
伪 R2	0.1465	0.1660			0.1279	0.1460
Obs.	234155	233311	204145	233311	340081	340081

注：***、** 和 * 分别表示在 1%、5% 和 10% 的水平上显著。

表 4.4 的第二和第三列显示了聚类稳健回归的结果，我们采用行业的聚类标准差来调整 Logit 回归结果的标准差。生产率、出口以及二者的交互项的系数均显著为正，再次表明了出口对投资的直接和间接促进作用。表 4.4 的第四和第五列则是运用工具变量法对模型（1）和（2）的回归结果，Wald 检验结果均在 1% 水平上拒绝了弱工具变量的假设，表明了工具变量选择的合理性。各解释变量的系数及符号均与前面的回归结果一致，且基本都呈现较高的显著性，进一步验证了模型的稳健性。表 4.4 的第六和第七列显示的是对初次 OFDI 企业回归的结果，结果显示生产率仍是促进企业 OFDI 的重要影响因素，出口也会直接或间接地促进企业对外直接投资。

第二节　企业出口和 OFDI 学习效应检验

一、引言

生产率的提高是经济增长的源泉，是发达国家保持持续发展的重要因素，更是发展中国家赶超发达国家的必要途径。Grossman（1991）认为积极参与国际合作可以有效促进经济体生产率的提高。出口和对外直接投资是参与国际活动的两种重要方式，理论上都可以为母国的生产率提高做出贡献。随着新新贸易理论的发展，研究国际合作和生产率关系的焦点从宏观层面转移到微观企业层面，Melitz（2003）提出了完整的贸易和生产率理论框架，Helpman et al.（2004）进一步将对外投资加入模型，认为只有效率最高的企业才会采用对外直接投资的方式参与国际市场，效率次之的企业则对外出口，并形成了“自选择效应”和“学习效应”两条重要的理论依据。自选择效应强调企业进入国际市场的沉没成本，只有生产率超过一定门槛的企业才会对外投资（或出口）；学习效应则强调企业参与国际市场活动后通过技术溢出等手段促进自身生产率的提高。自选择效应得到了学者们的普遍认可，但有关学习效应的检验结论却莫衷一是。

出口是拉动中国经济增长的重要动力，但李春顶（2010）等运用微观数据发现，中国出口企业存在“生产率悖论”问题，出口企业生产率并不一定比非出口企业生产率高，在考虑加工贸易、出口强度等问题之后，出口企业表现出一定的生产率优势，但该优势是否通过出口学习效应而得还有待进一步验证。随着对外投资规模的迅速扩张，中国 OFDI 逐渐成为学者们关心的焦点，许多研究从宏观层面和企业层面分析中国 OFDI 的区位选择。但中国“走出去”战略实施的目的是促进企业通过对外投资的方式实现技术升级以及工业现代化（Davies，2013），效果如何呢？Chen（2014）运用中国微观数据对 OFDI 绩效的分析发现，对外投资企业具有更高的生产率。蒋冠宏（2013）运用倾向得分匹配的方法发现了技术研发型 OFDI 生产率效应的存在。但鲜有文献同时分析出口和 OFDI 的学习效应，在我国出口和 OFDI 规模不断扩大的背景下，检验企业走出去的学习效果如何，对企业合理选择“走出去”方式具有重要意义。

因此，本章的目的就是研究企业对外直接投资和出口的学习效应，即企业的对外投资和出口是否会提高其生产率。为了更好地比较两种学习效应的效果，我们选择既出口也对外投资的企业作为研究对象，并以倾向得分匹配（PSM）和倍差（DID）相结合的处理方法有效地避免处理组和控制组企业的自选择问题以及不随时间变化的不可观测偏差。为此，我们采用 2004 到 2007 年中国企业微观数据，运用倾向得分匹配方法计算企业出口和 OFDI 的平均处理效应（ATT），并进一步通过倍差法检验学习效应是否存在。具体安排如下：第二部分是模型构建，构建 PSM - DID 模型；第三部分是结果分析及稳健性检验。

二、模型建立

（一）模型构建

本书的研究目的是评估出口和 OFDI 对生产率的影响，即揭示出口、OFDI 和企业生产率之间是否存在因果关系。为解决传统研究中存在的样本选择性偏差及混合性偏差问题，我们采用 Heckman（1997）提出的倾向得分匹配方法，并且将既出口也对外直接投资的企业作为处理组，分别将未对外投资和未出口的企业视为对照组。同时，我们构造两个二元虚拟变量 du 和 dt。du 表示企业是否参与国际活动，du = 1 表示企业参与国际活动，du = 0

表示企业不参与国际活动。dt 为时间二元变量，dt = 1 表示企业参与国际活动后的时期，dt = 0 表示企业参与国际活动前的时期。令 TFP_{it} 为企业在 i 时期 t 的生产率，ΔTFP_{it} 表示企业 i 参与国际活动后的生产率增长。为克服企业要素投入的内生性以及传统估计方法中普遍存在的同步偏差问题和选择偏差问题，本书将采用 Levinsohn 和 Petrin（2003）的方法（LP）计算全要素生产率。则企业参与国际活动对生产率的实际影响可表示为：

$$\delta = E(\delta_i \mid du_i = 1) = E(\Delta TFP_{it}^1 \mid du_i = 1) - E(\Delta TFP_{it}^0 \mid du_i = 1) \quad (4.9)$$

其中，$E(\Delta TFP_{it}^0 \mid du_i = 1)$ 表示参与国际活动的企业在不参与国际活动的情况下其生产率的变化，但这是不可观测的，是一种“反事实”。为此，我们采用目前文献中常用的倾向得分匹配的方法，为参与国际活动的企业（处理组）寻找相近的控制组。基本原理是：首先，通过影响企业是否参与国际活动的因素建立 Probit 模型，计算企业参与国际活动的概率，并得到倾向得分；其次，根据一定的准则（最近邻原则、核匹配原则、半径匹配原则和马氏距离匹配原则）选择与处理组企业得分最接近的企业，并按照一定的匹配比例（本书采取 1∶3）获得控制组。参考相关文献并根据 Probit 回归分析结果，我们采用资本密集度、企业规模、年龄、融资约束等变量作为匹配准则由于各年份企业特性存在较大差异，我们分年对样本进行匹配，且为找到参与国际活动企业在未参与国际活动时与其最相近的企业，本书匹配的样本和指标都是企业参与开始国际活动前期的（蒋冠宏，2014）。为了使对照组最大程度地近似处理组企业未参与国际活动的状态，我们采用最近邻匹配的方法为处理组寻找相近的对照组，由于处理组样本相对较少，我们采用 1∶3的比例进行匹配。最近邻匹配的原则为：

$$\Theta(i) = \min_j \|\widehat{P}_i - \widehat{P}_j\|,\ j\epsilon(du = 0) \quad (4.10)$$

$\widehat{P}_i$ 和 $\widehat{P}_j$ 分别表示用 Probit 回归所得到的处理组和控制组企业参与国际活动的概率预测值，即倾向得分值；$\Theta(i)$ 表示控制组企业的匹配集合。

匹配完成后，我们可以用 $E(\Delta TFP_{it}^0 \mid du_i = 0)$ 来代替 $E(\Delta TFP_{it}^0 \mid du_i = 1)$，从而将公式（4.10）变成：

$$\delta = E(\delta_i \mid du_i = 1) = E(\Delta TFP_{it}^1 \mid du_i = 1) - E(\Delta TFP_{it}^0 \mid du_i = 0) \quad (4.11)$$

（4.11）式反映的是平均处理效应（ATT），比较处理组和实验组参与国际活动前后生产率的变化就可以分析企业出口（OFDI）的学习效应效果。

具体检验模型如下：

$$TFP_{it} = \alpha_0 + \alpha_1 \times du + \alpha_2 \times dt + \delta \times du \times dt + \xi_{it} \quad (4.12)$$

交互项 $du * dt$ 的系数 δ 反映了企业出口（OFDI）对生产率的因果影响。如果系数大于0，则表明参与国际活动前后，处理组企业的生产率增长幅度大于控制组企业，即出口（OFDI）促进了生产率的提高。为了稳健起见，我们在回归模型中还加入了资本密集度、企业规模、工资水平等控制变量以及地区固定效应和行业固定效应。

（二）变量设定

1. 全要素生产率（TFP）

为了避免由于生产率与投入要素之间的相关性而导致的生产函数系数估计偏误，本书将分别采用 Levinsohn 和 Petrin（2003）的方法（LP）计算 TFP。该方法以企业中间投入作为不可观测的生产率代理变量，有效地克服企业要素投入的内生性以及传统估计方法中普遍存在的同步偏差问题和选择偏差问题。具体回归方程为：

$$v_t = \alpha_0 + \alpha_1 L_t + \alpha_k K_t + w_t + \eta_t = \alpha_1 L_t + \varphi_t(K_t,\ m_t) + \eta_t \quad (4.13)$$

其中 $\varphi_k(k_t,\ m_t) = \alpha_0 + \alpha_k K_t + w_t(k_t,\ m_t)$，t 表示年份，$v_t$ 表示增加值，L_t、K_t、m_t 分别表示劳动投入、资本投入和中间投入，计算过程中资本变量选择固定资产值，代理变量选择工业中间投入，产出变量采用工业增加值，并分别用分地区固定资产投资价格指数和燃料、动力类工业生产者购进价格指数以及工业生产者出厂价格指数（以 2003 年为基期）进行平减。

2. 其他变量设定

资本密集度（Capital），用固定资产净值与从业人员的比值来衡量，固定资产用 2003 年为基期的固定资产价格指数进行了平减；企业规模（Size），运用年末就业人数来衡量；所有制情况，分别用企业是否外资企业和是否国企两个指标来衡量；融资约束（Finance），采用利息支出与固定资产的比值来衡量；企业年龄（Age），用当年年份与企业开业年份的差来衡量；工资水平（Wage），用企业年末工资总额与就业人数的比值来表示。

3. 数据说明

本书所采用的数据主要包括国家统计局的《中国工业企业数据库》和商务部统计的《境外投资企业（机构）名录》。我们将两个数据匹配，从而获得包括对外投资企业名称以及企业各种财务指标的完整数据。为检验企业出口的 OFDI 的学习效应，本书选择既出口也对外直接投资的企业作为处理组，通过匹配后得到对照组企业。本书选择的样本区间为 2004—2007 年，因为匹配变量用的是前一期的值，因此用 PSM 计算平均处理效应时，仅包括 2005 到 2007 年的数据。同时我们去掉了缺少工业增加值、固定资产净值等重要财务指标的样本以及不符合一般会计标准（GAAP）的样本。

三、结果分析

（一）ATT 效应分析

为比较分析企业出口和投资的学习效应，我们两组数据的处理组均选择既出口也对外直接投资的企业，匹配对外直接投资时我们去掉对外直接投资但不出口的企业样本，并采用资本密集度、是否出口、规模、企业年龄、融资约束、所有制等变量作为匹配变量，同时为保证模型的合理性，我们对其进行了共同支撑假设和平衡性假设的检验，结果均满足要求。分年份对企业匹配后的结果如下：

表 4.5　企业 OFDI 的平均处理效应

年份	匹配前				匹配后			
	处理组	控制组	ATT	t 值	处理组	控制组	ATT	t 值
2005	7.421	6.412	1.008	12.07***	7.421	7.124	0.297	2.43**
2006	7.484	6.541	0.943	16.09***	7.484	7.290	0.193	2.34**
2007	7.607	6.688	0.919	19.59***	7.607	7.486	0.120	1.74*

注：***、** 和 * 分别表示在 1%、5% 和 10% 的水平上变量显著。

表 4.5 分别显示了匹配前和匹配后处理组企业和控制组企业的生产率情况、ATT 值以及显著性。可以看出，匹配前后企业的生产率均表现为一个上升的趋势，即生产率逐年提高，符合现实情况。匹配前处理组企业的生产率明显高于控制企业，这也表明了新新贸易理论关于自选择效应的假说，即生产率较高的企业对外直接投资。而匹配后 ATT 系数明显减少，进一步表明匹配前高估了企业对外投资的学习效应。匹配后虽然 ATT 系数减少，但 t 值

均通过了10%水平的显著性检验，表明企业对外直接投资学习效应的存在。但ATT的系数逐渐减少，显著性也有所下降，表明企业对外投资后生产率效应存在下降的趋势。

为找到与出口企业最相近的控制组企业，我们以是否出口作为结果变量，并去掉出口但不对外直接投资的企业，采用资本密集度、企业规模、企业年龄、融资约束、所有制等作为匹配变量，分年份进行匹配，在满足平衡性假设和共同支撑假设的基础上，我们得到的ATT如下：

表4.6 企业出口的平均处理效应

年份	匹配前				匹配后			
	处理组	控制组	ATT	t值	处理组	控制组	ATT	t值
2005	7.421	6.332	1.089	13.05***	7.421	7.390	0.031	0.26
2006	7.484	6.465	1.019	17.42***	7.484	7.443	0.041	0.49
2007	7.607	6.637	0.970	20.87***	7.607	7.572	0.069	0.49

注：***、**和*分别表示在1%、5%和10%的水平上变量显著。

表4.6也同样展示了企业生产率逐年提高的现象，同时匹配前，ATT系数均通过了1%的显著性检验，表明处理组企业的生产率明显高于控制组企业，而匹配后ATT效应不显著，表明出口企业存在自选择效应，但不具有学习效应。因此通过企业对外投资和出口的ATT，我们得到如下结论：企业对外直接投资具有明显的学习效应，而出口的学习效应不显著。同时，为了进一步的倍差法分析，我们根据最近邻原则匹配方法，为2005—2007年1101家对既外投资企业也出口的企业找到了3229家最相近的从未对外直接投资的企业和3188家最相近的从未对外直接投资的企业作为控制组企业。

（二）DID结果分析

PSM方法可以很好地解决样本选择偏差问题，但并不能排除不可观测的时间因素等造成的偏差（Dalgiç，2015），因此我们运用DID进行进一步分析。

基于上一部分的匹配数据和倍差法进行的检验结果如表4.7。模型（1）是不加控制变量和固定效应的基本回归。模型（2）在模型（1）的基础上加入了资本密集度、企业年龄和工资等影响企业生产率的控制变量，同时控制了行业固定效应和地区固定效应。在对外直接投资学习效应的检验结果中，du 的系数为正，表明对外直接投资企业的效率高于控制组企业，但系数不显著。在考虑了控制变量及地区和行业固定效应之后，该系数显著为正，进一步表明了自选择效应的存在。dt 的系数均显著为正，表明处理组和控制组企业的生产率在时间维度上均为上升趋势，这与我国生产率水平不断提高的现实是一致的。本书的核心解释变量 $du \times dt$ 显著为正，表明对外直接投资后处理组企业的生产率高于控制组企业，即企业的对外直接投资促进了生产率的提高，学习效应存在。说明我国实施走出去战略，积极鼓励企业利用对外直接投资提高生产率是有效的。

由于匹配后既出口也对外投资的企业数目较少，我们不再分样本进行回归，但不同类型投资的学习效果必然存在异质性。首先，投资到发达国家的企业往往更容易获得逆向技术溢出，提高生产率。但中国 80% 以上的投资流向发展中国家，虽然这部分投资的逆向技术溢出不明显，但其容易促进企业实现规模经济，实现技术专业，充分利用不同地区的优势，降低成本，提高利润，从而促进生产率的提高。其次，不同所有制类型企业的学习效果也不同。国有企业投资主要从国家整体利益出发，很多投资是出于政治目的，但国家整体政治、经济环境的良好发展，是非国有企业投资取得良好效果的保证。

在对出口企业学习效应的检验结果中，du 和 dt 的回归结果与对外投资模型类似，表明出口企业的自选择效应存在。但在基础模型回归中，$du \times dt$ 的系数为负，但不显著。在加入了控制变量和固定效应之后，$du \times dt$ 的系数虽然变为正，但仍不显著，表明出口企业不一定存在学习效应。由于检验出口和 OFDI 学习效应时我们采用的是同一组企业，从而更便于横向比较两种行为的学习效果。很明显，对外直接投资对生产率提高的促进作用明显高于出口。造成中国企业出口学习效应不显著的原因主要是由于大多数企业利用劳动力成本优势，采用加工贸易的方式出口，只注重出口数量不注重出口质量。随着中国人口红利的消失，劳动密集型的加工贸易占出口的比重也逐渐降低，技术密集型和资本密集型产品的出口不断增加，随着中国贸易结构的改善，出口的学习效果也必将有所改善。

表 4.7　企业出口和 OFDI 的倍差法回归结果

	对外直接投资（OFDI）			出口（Export）		
	(1)	(2)	(3)	(1)	(2)	(3)
du	0.085 (1.45)	0.235*** (4.84)	0.285*** (6.03)	0.084 (0.54)	0.390*** (7.57)	0.415*** (8.47)
dt	0.244*** (22.65)	0.104*** (8.94)	0.115*** (9.84)	0.232* (1.84)	0.110*** (8.93)	0.119*** (9.96)
du × *dt*	0.076*** (2.83)	0.082*** (3.01)	0.075*** (2.78)	-0.063 (-0.22)	0.013 (1.57)	0.004 (0.43)
Capital		0.016* (1.72)	0.039*** (4.14)		0.061** (2.15)	0.057** (2.10)
Age		0.013*** (12.54)	0.014*** (12.34)		0.015*** (11.62)	0.019*** (13.58)
Wage		0.432*** (27.96)	0.448*** (29.89)		0.468*** (32.36)	0.415*** (27.87)
常数项	7.097*** (304.96)	3.74*** (4.69)	3.808*** (3.55)	7.183*** (118.74)	5.329*** (18.34)	5.040*** (14.87)
R^2	0.0625	0.0864	0.1128	0.0612	0.1024	0.1045
观测值	14132	14131	14089	13718	13715	13482
行业效应	否	是	是	否	是	是
地区效应	否	是	是	否	是	是

注：***、** 和 * 分别表示在 1%、5% 和 10% 的水平上变量显著。

其他控制变量。资本密集度的系数显著为正，表明资本密集度越高的企业生产率越高。资本越丰富的企业越有可能引进先进的机械设备，从而形成规模经济，降低平均成本，提高生产率；企业年龄的系数显著为正，表明成立时间越长的企业生产率越高。成立时间较长的企业已经积累了一定的生产和销售经验，具有一定的品牌效应，有利于其充分利用社会资源降低生产成本，并可能积极开发新产品，进一步提高生产率；工资水平的系数也显著为正，表明工资水平越高生产率越高。工资是企业成本的一部分，工资水平越高，企业的生产成本越大，越不利于企业生产率水平的提高。但往往生产率较高的公司才会出现有核心技术和管理才能的优秀员工，而这些高素质人力资源的工资肯定要高于一般的劳动力。

（三）稳健性检验

为保证模型的稳健性，我们进一步运用基于马氏距离匹配的倍差法对模型进行检验。马氏距离匹配的基本原理为：设为处理组企业，为控制组企业，表示处理组企业和实验组企业之间的马氏距离，具体计算公式如下：

$$D_{ij}=(U_i-U_j)^TC^{-1}(U_i-U_j) \tag{4.14}$$

其中，U_i和U_j分别表示处理组和实验组企业的匹配变量的取值，C 表示匹配变量的协方差矩阵。为找到与处理组企业最接近的控制组企业，需要满足马氏距离最小的原则，因此距离最小的企业逐一被筛选出来，并组成我们的控制组企业。在此，我们同样选择 1∶3 的匹配比例，匹配变量与之前的最近邻匹配选择相同的变量。在此基础上，我们进一步运用倍差法对模型进行检验，具体结果见表 4.7 的模型（3）。模型回归结果支持了之前模型的结论，企业对外直接投资具有明显的学习效应，而出口企业的学习效应不明显。

第三节　本章小结

本章主要检验新新贸易理论关于生产率对企业国际化行为选择的两条基本结论“自选择效应”和“学习效应”是否成立。在检验过程中，我们同时分析生产率对出口和 OFDI 的影响，并且分析对二者影响的差异性，具体如下：

首先，我们运用 2003 年到 2007 年中国工业企业的微观数据就出口、OFDI 和生产率的相关关系进行了检验。通过 K－S 非参检验方法对生产率在出口和 OFDI 选择中的作用进行了检验，发现生产率是影响企业参与国际活动方式选择的重要因素，生产率较高的企业选择 OFDI 的方式参与国际市场，生产率次之的企业选择出口的方式；通过 Probit 模型检验了出口对投资的影响，发现企业出口和 OFDI 是互补的关系，具有出口经验的企业更容易对外直接投资，且出口会通过提高生产率的方式进一步促进企业的投资活动。现有文献关于自选择效应的检验主要集中在出口企业和非出口企业方面，本书就出口企业和 OFDI 企业生产率的检验，进一步验证了自选择效应的存在，具有重要的学术价值，同时也是重要的政策启示，即经济发展是企业对外投资的支柱，生产率较高的企业才可以在激烈的国际竞争中建立自己的比较优势。

其次，出口和对外直接投资的学习效应对企业具有重要意义，但鲜有文献同时分析企业这两种行为的学习效果，为此我们运用中国工业企业层面的数据，以既出口也对外投资的企业为样本，同时分析企业出口和 OFDI 的学习效应。首先运用倾向得分匹配（PSM）为样本企业（处理组）寻找合适的控制组企业，并计算平均处理效应（ATT），结果显示对外投资企业的处理组生产率明显高于控制组，即企业 OFDI 学习效应明显，而企业出口的学习效应不显著。并进一步运用倍差法（DID）分析出口及对外投资对生产率的影响，倍差法结果仍然显示企业对外投资具有明显的学习效应，出口对生产率的促进作用不显著，有时甚至为负。为保证模型的稳健性，我们进一步运用基于马氏距离匹配的倍差法对模型进行检验，结论与前面一致。

第五章　融资异质性对企业出口和OFDI影响的差异化分析

第一节　引言

出口一直是中国企业开展国际业务的主要方式，随着“走出去”战略的实施，对外直接投资（OFDI）也逐渐成为企业参与国际市场的另一重要模式。与国内企业相比，跨国公司往往具有规模较大、生产率较高、附加值更多、工资水平较高、人均资本水平较高以及拥有更多的技术工人等特点（Mayer，2007）。企业以何种方式参与国际市场是由临近优势和集中生产优势权衡决定的（Brainard，1997），临近－集中理论奠定了企业国际化选择研究的宏观基础。微观理论研究则表明跨国公司的特征可以由生产率异质性来反映，仅有生产率较高的企业才能承担进入国际市场的固定成本（Melitz，2003），生产率是企业进入国际市场面临的主要壁垒，但该模型成立的前提是企业不受融资约束的限制。世界银行投资环境调查显示，中国是融资约束最严重的国家之一，内部融资往往不能满足企业的需求，因而外部融资能力强的企业更容易获得走出去所需要的资金，融资约束或许成为阻碍企业进入国际市场的另一重要壁垒。我国金融体系仍以银行为主导，向银行借款是企业主要的融资方式，因此企业的融资约束主要表现为信贷约束。

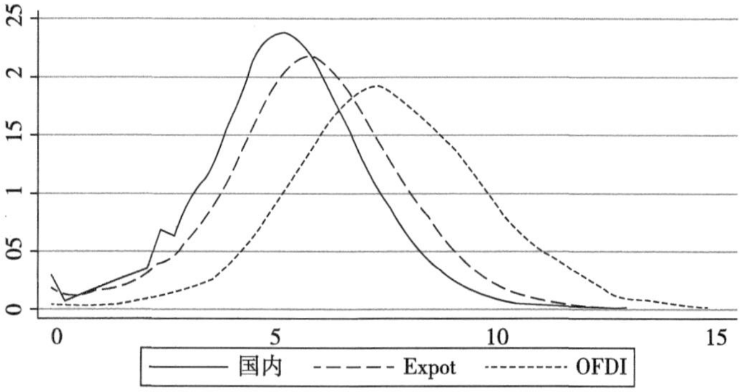

图 5.1　利息支出核密度图

图 5.1 表明对外直接投资企业的利息支出最多，利息支出越多，表明企

业越容易获得银行贷款，面临的信贷约束越小。信贷约束较小的企业对外出口，信贷约束最大的企业只能供应国内市场。为什么信贷约束低的企业才能参与国际市场呢？与供应国内市场相比，出口企业需要更多的前期支出，包括了解潜在出口市场的获利能力、特定市场的资金投入、产品定制及设立保持国外市场销售网络等。在此基础上，对外投资企业还需支付管理费用、设备等固定资本的投入。另外，国际化经营还可能面临着更多的风险与不确定性、交易周期更长，从而会进一步加深企业对外部融资的依赖。虽然中国出口和对外直接投资规模都迅速扩张，但大部分企业都面临或多或少的信贷约束，因此本书研究信贷约束对企业出口和 OFDI 的影响，对更好地引导企业“走出去”具有重要意义。

融资约束对出口的影响已经得到学者们的广泛验证。Chaeny（2005）首次将融资约束纳入到 Melize 的企业出口模型，认为融资约束与生产率一样都是企业异质性的来源，受信贷约束小的企业更容易进入出口市场。Bellone（2010）的研究显示融资环境较好的企业更容易出口。Berman（2010）认为融资约束对企业出口的广延边际影响超过集约边际。Manova（2013）研究发现金融发达的国家更有可能参与出口，且这种影响在金融脆弱部门表现的更明显。Alvarez 和 Lopez（2013）对智利的研究发现，金融发展的改善会提升生产率较高企业出口的概率，且制造业部门中的外资企业对外源融资的依赖较低。李志远（2013）运用中国工业企业数据研究发现，信贷约束小的企业出口额相对较大。但也有文献认为融资约束在企业出口中的作用不明显（Stiebale，2011）。

与出口相比，对外直接投资往往面临更高的固定成本投入，因此金融约束对投资企业更重要，但鲜有文献分析金融摩擦对跨国公司投资的影响。Buch（2008）认为，企业出口（投资）面临生产率和融资约束双层壁垒，融资约束会在生产率的基础上进一步限制企业进入国际市场，且实证发现融资约束对企业的广延边际和集约边际都有影响。Buch（2014）进一步从理论模型和实证研究两方面证明了融资约束对高生产率企业的影响比低生产率企业的影响更大，因为前者更倾向于海外扩张。李磊等（2015）运用中国微观数据研究发现，信贷融资能够显著地促进我国的工业企业“走出去”，融资能力越强的工业企业不仅更有可能发生对外直接投资行为，而且越倾向于进行多次投资以及在多个国家进行投资。

综上所述，现有文献关于融资约束对企业出口的研究比较丰富，关于企业融资异质性对投资影响的研究较少，对融资约束与企业国际化选择的文献也不多见。本书将进行以下创新性的研究：（1）运用《中国工业企业数据库》和《中国境外投资企业（机构）名录》匹配的微观数据，同时分析融资约束对出口和投资的差异化影响；（2）考虑行业融资依赖度、地区金融发展水平以及企业规模不同时，信贷对企业国际化选择影响的不同。本书接下来的安排如下：第二部分构建企业国际化选择的理论模型，并得出实证需检验的假说；第三部分构建实证模型及相关变量；第四部分是实证检验部分，对模型进行基础回归和稳健性检验；第五部分是进一步检验，对基础模型进一步扩展。

第二节　理论分析

为分析融资约束在企业国际化选择的影响，我们构建影响企业出口和投资选择的理论模型，并得出影响企业国际化选择的各种假设。

模型中企业面临三个选择，第一，在国内生产并只服务国内市场；第二，在国内生产并以出口的方式服务国际市场；第三，直接到国外投资建厂并参与国际市场。为进入国际市场，企业将面临国际化选择的不同固定成本 F_i，当 i = E 时，F_E表示出口时的固定成本，i = I 时，F_I表示对外直接投资时的固定成本，不失一般性，$F_I > F_E$，即企业以 OFDI 方式参与国际市场时将面临更高的固定成本。同时，企业的边际成本是 C/β，此处 β 表示母公司以及子公司的生产率水平。企业参与国际市场面临更大的风险和不确定性，因此我们假定企业获得收益的概率为 q，没有收益的概率为 1 - q，获得正收益的概率既受国家宏观因素影响，也与企业自身的异质性有关。

企业的期望收益为 $q\frac{px}{\tau}$，τ 表示出口时的冰山成本，当企业选择对外直接投资时没有冰山成本，$\tau = 1$。模型符合 Dixit - Stiglitz 垄断竞争模型的设定，代表性消费者的效用函数为：

$$U = \left(\int_{\omega\in\Omega}(s(\omega))^{\frac{\sigma-1}{\sigma}}d\omega\right)^{\frac{\sigma}{\sigma-1}} \qquad (5.1)$$

Ω 表示可以获得商品的种类，ω 表示差异化产品，σ 表示替代弹性，$\sigma>1$，在给定支出水平 E 的前提下，消费者为实现产品种类多样化及效用最大化的目标，因此，最大化代表性消费者的效用函数，我们可以得到特定产品的需求函数：

$$x_i=\frac{E P_i^{-\sigma}}{P^{1-\sigma}} \tag{5.2}$$

P_i表示企业对产品设定的价格，P 表示整体的价格指数，x_i则表示价格为P_i时市场对产品的需求。当企业拥有足够的内部资金来支付市场进入的固定成本及生产成本，即企业无外源融资约束时，企业的利润函数为：

$$\pi_i=q\frac{p_i x_i}{\tau_i}-\frac{c}{\beta}x_i-F_i \tag{5.3}$$

当企业面临融资约束时，我们借鉴 Buch（2008）的方法，假设企业内部融资为 L，不足以满足企业的资本需求，则企业对外部资金的需求为$D_i=c/\beta\, x_i+F_i-L$，主要通过银行借贷来实现，需要偿还的资金为$(1+\gamma_i)D_i$，表示企业获得收益后愿意返还的本金加利息。假设企业在获得收益时偿还贷款的概率为u_i，且$u_I<u_E\leqslant 1$，因为当企业在国外建立分支机构时，契约约束更困难。企业往往需要提供与贷款规模D_i相应的抵押品来作担保，当企业不履行合约时，银行可以获得$\theta_i D_i$的资金，$\theta_I<\theta_E\leqslant 1$。假设国内银行市场完全竞争，银行的零利润条件决定了贷款利率：

$$q\,u_i(1+r_i)D_i+(1-q\,u_i)\theta_i D_i=D_i \tag{5.4}$$

$$(1+r_i)=\frac{1-\theta_i}{q\,u_i}+\theta_i \tag{5.5}$$

此时，企业的利润函数为：

$$\pi_i=\left[q\frac{p_i x_i}{\tau_i}-u_i(1+r_i)D_i+D_i-(1-q\,u_i)D_i-\frac{c}{\beta}x_i-F_i\right] \tag{5.6}$$

把（5.5）代入（5.6）得：

$$\pi_i=q\frac{P_i x_i}{\tau_i}-D_i(1-q\,u_i)(1-\theta_i)-\frac{c}{\beta}x_i-F_i \tag{5.7}$$

企业设定价格以实现利润最大化，（5.7）式对价格求导得：

$$\frac{d\,\pi_i}{d\,P_i}=\frac{q\,x_i}{\tau_i}+\left(\frac{q\,P_i}{\tau_i}-\frac{c}{\beta}\right)\frac{d\,x_i}{d\,P_i}=0 \tag{5.8}$$

结合（5.2）式，我们得到企业的最优价格和数量分别为：

$$P_i = \frac{\sigma}{\sigma - 1}\frac{c\,\tau_i}{\beta q} \tag{5.9}$$

$$x_i = \frac{E}{P^{1-\sigma}}\left(\frac{\sigma}{\sigma - 1}\frac{c\,\tau_i}{q\beta}\right)^{-\delta} \tag{5.10}$$

从而我们得到企业出口和对外直接投资的利润函数分别为：

$$\pi_E = \frac{c}{\beta}\frac{E}{P^{1-\sigma}}\left(\frac{\sigma}{\sigma - 1}\frac{c\,\tau_i}{q\beta}\right)^{-\delta}\frac{\sigma}{\sigma - 1} - D_i(1 - q\,u_E)(1 - \theta_E) - F_E \tag{5.11}$$

$$\pi_I = \frac{c}{\beta}\frac{E}{P^{1-\sigma}}\left(\frac{\sigma}{\sigma - 1}\frac{c}{q\beta}\right)^{-\delta}\frac{\sigma}{\sigma - 1} - D_i(1 - q\,u_I)(1 - \theta_I) - F_I \tag{5.12}$$

通过（5.11）和（5.12）我们可以很明显地得出如下结论：生产率越高，期望利润越大；固定成本越大，期望利润越低；冰山成本越大，期望利润越低；融资约束越大，期望利润越低。进一步我们得出三个效率阈值，即企业可以实现出口的效率水平、企业可以对外直接投资的效率水平以及企业倾向于选择 OFDI 时的效率水平：

$$\beta_E \geqslant \left\{[D_i(1 - q\,u_E)(1 - \theta_E) + F_E]\left(\frac{\sigma c}{\sigma - 1}\right)^{\sigma - 1}\frac{\tau^{\sigma}P^{1-\sigma}}{E\,q^{\sigma}}\right\}^{\frac{1}{\sigma-1}} \tag{5.13}$$

$$\beta_I \geqslant \left\{[D_i(1 - q\,u_I)(1 - \theta_I) + F_I]\left(\frac{\sigma c}{\sigma - 1}\right)^{\sigma - 1}\frac{P^{1-\sigma}}{E\,q^{\sigma}}\right\}^{\frac{1}{\sigma-1}} \tag{5.14}$$

$$\beta_{I>E} \geqslant \left\{[D_i((1 - qu_I)(1 - \theta_I) - (1 - qu_E)(1 - \theta_E))(F_I - F_E)]\right.$$
$$\left.(1 - \tau_i^{-\sigma})^{-1}\left(\frac{c\sigma}{\sigma - 1}\right)^{\sigma - 1}\frac{P^{1-\sigma}}{Eq^{\sigma}}\right\}^{\frac{1}{\sigma-1}} \tag{5.15}$$

分别求导得：

$$\frac{d\,\beta_E}{d\,D_i} = \frac{1}{\sigma - 1}(D_i(1 - q\,u_E)(1 - \theta_E) + F_E)^{\frac{2-\sigma}{\sigma-1}}\left(\left(\frac{\sigma c}{\sigma - 1}\right)^{\sigma - 1}\frac{\tau^{\sigma}P^{1-\sigma}}{E\,q^{\sigma}}\right)^{\frac{1}{\sigma-1}}$$
$$(1 - q\,u_E)(1 - \theta_E) > 0$$

$$\frac{d\,\beta_I}{d\,D_i} = \frac{1}{\sigma - 1}(D_i(1 - q\,u_I)(1 - \theta_I) + F_I)^{\frac{2-\sigma}{\sigma-1}}\left(\left(\frac{\sigma c}{\sigma - 1}\right)^{\sigma - 1}\frac{P^{1-\sigma}}{E\,q^{\sigma}}\right)^{\frac{1}{\sigma-1}}$$
$$(1 - q\,u_I)(1 - \theta_I) > 0$$

$$\frac{d\,\beta_{I>E}}{d\,D_i} = \frac{1}{\sigma - 1}[D_i((1 - q\,u_I)(1 - \theta_I) - (1 - q\,u_E)(1 - \theta_E)) + (F_I - F_E)]^{\frac{2-\sigma}{\sigma-1}}$$
$$\left[(1 - \tau_i^{-\sigma})^{-1}\left(\frac{c\sigma}{\sigma - 1}\right)^{\sigma - 1}\frac{P^{1-\sigma}}{E\,q^{\sigma}}\right]^{\frac{1}{\sigma-1}}$$

$$[(1-qu_I)(1-\theta_I)-(1-qu_E)(1-\theta_E)]>0$$

进一步求导得：$\frac{d\beta_E}{dD_i}>0$，$\frac{d\beta_I}{dD_i}>0$，$\frac{d\beta_{I>E}}{dD_i}>0$，从而我们得到如下假说：

第一：信贷约束提高企业出口和 OFDI 的效率阈值，从而阻碍企业的出口和 OFDI 决策；

第二：信贷约束对 OFDI 的影响大于对出口的影响，约束最低的企业采取对外直接投资的方式参与国际市场，约束次之的企业出口。

第三节　实证分析

一、数据说明

本书研究的目的是检验融资约束在企业国际化选择中的作用，其中所用的数据来源于《中国工业企业数据库》和《境外投资企业名录》。其中，前者可获得全部国有企业以及规模以上非国有企业的基本信息：营业利润、销售额、就业人员、固定资产、利息支出、负债资产、企业所有制等。为提高样本数据的准确度，我们对原始数据进行了以下处理：第一，删除遗漏重要财务指标以及利息支出为负的企业；第二，删除雇员人数在 10 人以下的指标。投资名录则包含外直接投资企业的名称、目的国、经营范围等信息，为克服统计上的误差，我们删除了重复的记录。将两个数据库基于企业名称匹配后，我们匹配得到 2004 年到 2009 年 1611005 家样本企业，其中对外投资企业 3406 家，出口企业 387419 家。

二、模型构建

由于本书的目标是同时检验融资约束对企业是否出口和 OFDI 的影响，被解释变量为离散型的，且存在仅在国内销售、出口但不对外投资、对外投资三种状态，因此我们采用 Mlogit 模型来进行检验，由 Logit 模型推广可得：

$$P(y_i = j \mid x) = \begin{cases} \dfrac{exp\ (x_i' \beta_j)}{1 + \sum_{k=2}^{3} exp\ (x_i' \beta_j)} (j = 2,3) \\ \dfrac{1}{1 + \sum_{k=2}^{3} exp\ (x_i' \beta_j)} (j = 1) \end{cases} \tag{5.16}$$

其中 $j=1$，$j=2$ 和 $j=3$ 分别表示仅国内销售企业、出口企业和对外投资的企业，显然各选项的概率之和为 1。进一步我们可以得到整个样本的对数似然函数，并采用最大似然法（MLE）进行估计得到系数估计值 β：

$$\ln(\beta \mid y,x) = \sum_{i=1}^{n} \sum_{j=1}^{3} I(y_i = j) \cdot ln(y_i = j \mid x) \tag{5.17}$$

$I(\cdot)$ 为示性函数，如果括号中的表达式成立，则取值为 1，否则取值为 0。系数估计值表示的是相对概率对数的变化并不表示边际效应，且数值大小以参照组为转移。边际效应的表达式为：

$$ME_k = \beta_k \varphi(x'\beta) \tag{5.18}$$

$\varphi(\cdot)$为逻辑分布的密度函数，边际效应的大小不以参照组为转移，表示解释变量变动一单位引起相应概率的变化。本书重点考察融资约束对企业国际化的选择，并加入其他可能影响企业出口（OFDI）的因素，具体回归模型如下：

$$\begin{aligned} Y_{it} = {} & \alpha_0 + \alpha_1 ln\ lp_{it} + \alpha_2 l\ nifin_{it} + \alpha_3 lnefin_{it} \\ & + \sum \alpha_i X_{it} + \mu_i + \varepsilon_{it} \end{aligned} \tag{5.19}$$

Y_{it}表示企业国际化的方式，$Y_{it}=1$ 表示仅内销的企业，$Y_{it}=2$ 表示出口企业，$Y_{it}=3$ 表示对外直接投资企业。$ln\ lp_{it}$表示劳动生产率，$l\ nifin_{it}$表示内源融资约束，$lnefin_{it}$表示外源融资约束，X_{it}表示企业规模、生产率、资本密集度、企业年龄、地域特点以及行业特点等控制变量。μ_i表示时间、地区和行业固定效应，为简化起见，文中只用一个变量表示，分别用来控制宏观经济波动、地区相关和行业相关因素对企业 OFDI 的影响。

三、变量说明

（一）信贷约束

企业越容易获得银行贷款，则利息支出越多（Li，2009），即利息支出越多企业的信贷约束越低，为剔除规模因素导致的融资差异，我们利用利息支出和固定资产的比值作为企业信贷约束的代理变量，比值越高表明企业的融资能力越强，信贷约束越小。同时，我们采用资产负债比作稳健性检验。对中国企业而言，向银行借贷是最常见的外源融资渠道，除了企业所有制因素外，企业的资产水平是银行重要考察的指标，高负债的公司往往缺乏足够的抵押资产，具有较低的借款能力，因此，资产负债比越高表示信贷约束越小，预期系数为正。

（二）内源融资

企业可以通过内源融资和外源融资两种方式来获得出口和投资所需要提前垫付的资金，内源融资主要包括企业的利润留存和自有资金等，外源融资包括股权融资和债务融资等。根据“优序融资理论”，企业首先选择内部融资，内部融资不足时才考虑外部融资。我们参考阳佳余（2012）的方法，用流动资产总计与应收账款和存货的差值测算得到现金存量作为内源融资约束的代理变量。同时，将企业利润率（营业利润与销售额的比值）作为稳健性检验时内源融资约束的代理变量。利润率越高，企业可支配的现金流越多，流动性约束则越低，从而内源融资约束越小。

（三）生产率

生产率是影响企业国际化选择的决定性因素，生产率最高的企业才能克服较高的固定成本，以 OFDI 的形式参与国际市场，效率次之的企业对外出口，效率较低的企业仅服务国内市场（Helpman，2004），因此，我们在模型中加入生产率变量，以检验中国企业的国际化行为是否符合新新贸易理论的基本结论。我们运用劳动生产率作为生产率的代理变量，同时加入资本密集度来克服劳动生产率对生产率的可能有偏估计（Berman，2010）。

（四）企业规模

企业规模是影响企业国际化选择的重要因素，企业自身规模的扩大，有利于克服贸易中的流动性约束问题以及生产经营中的各种风险，从而更可能参与国际市场（孙灵艳，2011）。用从业人员数来衡量企业规模，并预期影响为正。

（五）企业年龄

企业成立时间越长可能经营能力越强、信用越好，越有能力参与国际竞争。在此我们仅保留处于营业状态的企业，并用样本年份与企业成立年份的差值表示，预期影响为正。

（六）地域特征

为控制地区金融发展水平对融资约束影响的干扰，我们根据刘煜辉等编写的《中国地区金融生态环境评价结果分析报告》，用各地区金融生态环境的综合得分来反映地区金融发展水平。具体的，地区金融生态环境由地区经济基础、金融发展、政府治理及制度文化四个方面组成，得分越高表明地区金融发展水平越好。东部地区的综合得分要明显高于中部和西部地区，这与之前文献用虚拟变量表示东、中、西三个地区的划分基本一致，但更精确。

（七）行业特征

为衡量企业所在行业的融资依赖度，根据《中国固定资产投资统计年鉴》中“国民经济行业小类城镇投资资金来源构成”的统计，各行业投资的资金来源主要包括国家预算内资金、国内贷款、债券、利用外资、自筹资金及其他，我们用自筹资金以外的资金来源在本年资金来源小计中的比重对行业融资依赖度进行了度量。

第四节　计量结果分析

一、基础回归

模型（1）和模型（2）分别表示以内销企业和出口企业为参照组的多元 Logit 回归，两个模型的麦克法登（Mcfadden）拟均在 0.2 ~ 0.4 之间，满足无关选择独立性（Independence of Irrelevant Choices）条件。模型（1）回归结果显示与内销企业相比，信贷能力对企业的出口和 OFDI 均有显著地促进作用，即企业的融资能力越强，信贷约束越低，越有利于企业的国际化选择，假说 1 成立。同时，信贷约束的降低对企业 OFDI 概率的影响大于对出口概率的影响，表明融资约束对 OFDI 的影响大于对出口的影响，假说 2 成立。模型（2）回归结果显示与出口企业相比，随着融资能力的提高企业更倾向于采取对外直接投资的方式参与国际活动，进一步证明了假说 2 的结论。为更精确分析较融资约束对企业出口和 OFDI 的影响，模型（3）给出了多元 Logit 模型的边际效应，结果显示信贷能力提高一个单位，会使企业出口的概率提高 0.27%，而对外直接投资的概率提高 0.29%，因此信贷约束的降低会提高企业参与国际市场的概率，且对 OFDI 的影响大于对出口的影响。

其他变量的回归结果与现有文献一致。内源融资显著地促进企业出口和 OFDI，内源融资能力越强的企业越容易参与国际市场。生产率显著地促进企业的出口和 OFDI，且生产率越大的企业越可能对外直接投资，生产次之的则对外出口，生产率最低的企业则在国内销售。资本密集度越大、规模越大以及存在时间越长的企业，越有可能参与国际市场。

表 5.1　融资约束对企业国际化选择的影响

变量名	模型（1）		模型（2）		模型（3）	
	出口	OFDI	OFDI	内销企业	出口	OFDI
信贷约束	0.021***	0.037***	0.016***	-0.020***	0.0027***	0.0029***
	(17.38)	(3.43)	(4.49)	(-17.38)	(16.67)	(15.67)
内源融资	0.063***	0.334***	0.271***	-0.063***	0.0087***	0.0089***
	(39.48)	(21.14)	(17.12)	(-39.48)	(27.33)	(10.77)
劳动生产率	0.014***	0.217***	0.203***	-0.014***	0.0019***	0.0020***
	(4.90)	(9.16)	(8.56)	(-4.90)	(4.64)	(3.02)
资本密集度	0.026***	0.111***	0.085***	-0.026***	0.0036***	0.0036***
	(12.62)	(5.80)	(4.44)	(-12.62)	(11.97)	(9.16)
规模	0.686***	0.841***	0.156***	-0.685***	0.0953***	0.0957***
	(236.07)	(37.88)	(7.02)	(-236.07)	(43.70)	(42.83)
年龄	0.074***	0.249***	0.175***	-0.073***	0.0102***	0.0103***
	(26.84)	(10.61)	(7.46)	(-26.84)	(23.38)	(14.41)

续表

变量名	模型（1）		模型（2）		模型（3）	
	出口	OFDI	OFDI	内销企业	出口	OFDI
常数项	-11.397*** (-64.35)	-31.966 (-0.04)	-20.569 (-0.03)	11.397*** (64.35)		
时间	是	是	是	是		
行业	是	是	是	是		
地区	是	是	是	是		
拟 R2	0.2323	0.2323				
样本数	1456672	1456672				

注：***、** 和 * 分别表示在 1%、5% 和 10% 的水平上显著。

二、稳健性检验

保证模型的稳健性，我们从三个方面对模型进行了稳健性检验。首先，运用双变量 Probit 模型对企业的出口和投资行为进行重新估计。因为对外直接投资企业中很多企业都是出口企业，企业是否出口和对外直接投资往往存在某种联系。为此我们将出口和 OFDI 的联合分布引入模型，假设出口和 OFDI 决策方程的误差项为 0，方差为 1，二者的协方差为 ρ，联合概率表达式为：

$$Pr(EX_{it}=K_{EX},\ OFDI_{it}=K_{OFDI})=\Phi(q_{EX}X_{EX}'\alpha_1,\ q_{OFDI}X_{OFDI}'\alpha_2,\ \rho) \quad (5.20)$$

如果 $K=1$，则 $q=1$；如果 $K=0$，则 $q=-1$。通过似然比检验我们发现两个方程的残差项的协方差为正，表明用双变量模型对企业的国际化选择行为进行估计是可行的，具体回归结果见表 5.2 的模型（4）。估计结果与 Mlogit 估计结果一致，信贷约束的系数都显著为正，且对投资的影响大于对出口的影响，信贷约束最低的企业才能以 OFDI 的方式参与国际市场。

其次，为检验变量的合理性，我们用利润率来衡量内源融资约束，资产负债比作为信贷融资的代理变量，回归结果（模型 5）与初始回归完全一致，利润率和信贷能力均显著地促进企业的国际化行为，且对 OFDI 的促进作用更大。利润率越高、资产负债比越高的企业越容易出口和 OFDI。

最后，为进一步保证模型的稳健性，我们需要考虑融资约束的内生性问题，因为企业参与国际市场可能会反向影响其融资能力。首先，出口和 OFDI 企业可以向银行等贷款机构传递企业绩效好、竞争性强的信号，增强其获得银行贷款的机会；其次，企业参与国际市场后，可以通过“学习效应”进一步提高自身的生产率水平和竞争力，从而增加其获得融资的能力。为解决可能存在的内生性问题，我们采用信贷约束的滞后一期作为解释变量对模型进行重新回归，因为企业参与国际市场的行为不会对上一期的融资产生影响。回归结果（模型 6）表明在控制内生性之后，信贷约束（滞后一期）对企业出口和 OFDI 的作用没有改变，仍然是其参与国际市场的重要因素。

表 5.2　稳健性检验结果

变量名	（4）双变量 probit		（5）替代指标		（6）控制内生性	
	出口	OFDI	出口	OFDI	出口	OFDI
信贷约束	0.012*** (18.06)	0.013*** (2.77***)	0.015*** (10.73)	0.033*** (2.90)	0.028*** (8.48)	0.163*** (4.81)
内源融资	0.038*** (42.20)	0.107*** (19.97)	0.063*** (32.93)	0.337*** (20.13)	0.323*** (16.91)	0.035** (2.06)
劳动生产率	0.011*** (6.70)	0.078*** (9.42)	0.025*** (7.01)	0.169*** (6.64)	0.087*** (27.75)	0.466*** (18.74)
资本密集度	0.015*** (13.05)	0.038*** (5.78)	0.018*** (7.05)	0.111*** (5.42)	0.006*** (2.90)	0.172*** (8.65)
规模	0.392*** (239.29)	0.185*** (24.08)	0.670*** (191.68)	0.830*** (35.34)	0.779*** (299.18)	1.222*** (78.60)
年龄	0.042*** (27.14)	0.085*** (9.93)	0.091*** (25.02)	0.231*** (8.95)	0.119*** (38.49)	0.313*** (12.24)
常数项	-6.102*** (-89.27)	-9.574 (-0.02)	-11.210*** (-51.74)	-31.812 (-0.04)	-11.635*** (-50.43)	-30.723 (-0.05)
时间	是	是	是	是	是	是
行业	是	是	是	是	是	是
地区	是	是	是	是	是	是
拟 R2		0.2270	0.2307			
样本数	1456672	973156	1261503			

注：***、** 和 * 分别表示在 1%、5% 和 10% 的水平上显著。

第五节 进一步分析

一、行业差异

除自身特点外，企业所处行业的外部融资依赖度以及所处地区的金融发展水平等都是影响企业融资的重要因素。行业的外部融资依赖性反映的是一行业中企业从外部获得融通资金的能力。由于前期支付的巨大差异以及抵押资产的不同，那些技术复杂度较高、建设周期较长以及投资规模较大的行业往往更加依赖外部融资（Rajan 和 Zingales，1998）。各行业对外部资金需求的差异性及依赖度的差异性都将影响行业中企业的融资情况及国际化行为选择。

为考察不同行业融资依赖度差异性的影响下，企业融资约束对国际化选择的影响，我们在模型中加入信贷约束与行业融资依赖度的交互项。表 5.3 的回归结果显示，在考虑行业融资依赖差异性的因素后，信贷约束仍是影响企业国际化选择的重要因素，假设 1 和假说 2 仍然成立。交互项的系数显著为负，表明企业所在行业的融资依赖度越高，其外源融资能力对参与国际市场的促进作用越小。且行业依赖度对企业国际化选择的阻碍作用对 OFDI 表现更突出。

表 5.3 行业、地区及规模差异的作用

变量名	融资依赖度		地区金融发展水平		企业规模	
	出口	OFDI	出口	OFDI	出口	OFDI
信贷约束	0.028***	0.049***	0.088***	0.193***	0.040***	0.113***
	(16.38)	(3.29)	(18.22)	(4.62)	(7.26)	(2.65)
内源融资	0.063***	0.334***	0.064***	0.337***	0.063***	0.335***
	(39.49)	(21.14)	(39.78)	(21.26)	(39.36)	(21.15)
交互项	-0.040***	-0.064***	0.109***	0.252***	0.004***	0.026***
	(-5.95)	(-3.23)	(14.40)	(3.93)	(3.50)	(3.57)

续表

变量名	融资依赖度		地区金融发展水平		企业规模	
	出口	OFDI	出口	OFDI	出口	OFDI
劳动生产率	0.014*** (4.91)	0.217*** (9.17)	0.014*** (4.84)	0.217*** (9.15)	0.014*** (4.71)	0.218*** (9.20)
资本密集度	0.026*** (12.64)	0.112*** (5.81)	0.025*** (12.17)	0.107*** (5.59)	0.026*** (12.68)	0.110*** (5.69)
规模	0.686*** (236.03)	0.841*** (37.88)	0.685*** (235.86)	0.840*** (37.79)	0.677*** (177.53)	0.910*** (31.17)
年龄	0.074*** (26.80)	0.249*** (10.60)	0.074*** (26.85)	0.250*** (10.67)	0.073*** (26.74)	0.251*** (10.70)
常数项	-11.417*** (-64.45)	-31.997 (-0.04)	-11.263*** (-63.52)	-31.660 (-0.04)	-11.359*** (-64.01)	-32.240 (-0.04)
时间	是	是	是	是	是	是
行业	否	否	是	是	是	是
地区	是	是	否	否	是	是
拟 R2	0.2324	0.2325	0.2324			
样本数	1456672	1456672	1456672			

注：***、** 和 * 分别表示在 1%、5% 和 10% 的水平上显著。

二、地区金融发展水平差异

不同地区间融资环境存在巨大差异，为考察地区金融发展水平不同对融资约束影响的干扰，我们加入地区金融发展水平与信贷约束的交互项来考察地区环境的影响。估计结果（表 5.3）显示融资能力对企业出口和 OFDI 的促进作用并没受到地区金融发展水平的影响，且信贷约束对 OFDI 的影响仍高于对出口的影响。交互项的系数显著为正，说明地区金融发展水平会提高企业外源融资对其国际化行为的促进作用，对 OFDI 的促进作用大于对出口的影响。金融发展水平较低的地区往往面临高额的抵押费用、繁杂的手续、苛刻的担保制度等，企业难以获得外部资金；金融发展水平较高的地区，企业融资途径更加多样化，融资过程更加便利，更容易获得金融机构贷款，因此参与国际市场的可能性更大。

三、企业规模差异

由基础模型的回归结果可以看出，企业规模是影响其参与国际市场的重要因素，规模越大的企业越容易出口和对外投资。为检验融资约束对大企业和小企业的影响是否存在差异，我们在模型中加入企业规模和信贷约束的交互项。交互项系数显著为正，表明规模越大的企业，融资能力的提高对其出口和投资的影响越大。一方面，大规模企业往往拥有较强的信贷资质和偿还能力，容易获得外源融资支持，而小规模企业由于内部机制的不透明难以获得外部资金支持；另一方面，规模较大的企业往往是生产率较高的企业，其出口和对外投资的可能性较大，因而融资能力是影响其是否能参与国际市场的重要因素。规模小的企业往往生产率较低，其参与国际市场的可能性较低，因而受信贷约束的影响也较小。

第六节　本章小结

在新新贸易理论的理论框架下，本书构建了融资能力对企业出口和OFDI影响的理论模型，并得出两条重要假说：融资约束会提高企业出口和OFDI的生产率阈值，从而阻碍企业的出口和OFDI决策；融资约束对OFDI的影响大于对出口的影响，约束最低的企业采取对外直接投资的方式参与国际市场，约束次之的企业出口。

用2004年到2009年中国工业企业微观数据，我们检验了融资异质性对企业国际化选择的影响。融资能力提升对企业的出口和OFDI均有显著地促进作用，即企业的融资能力越强，融资约束越低，越有利于企业的国际化选择。同时，融资约束的降低对企业OFDI概率的影响大于对出口概率的影响，表明融资约束对OFDI的影响大于对出口的影响，证明了理论模型的假说。且估计结果在用不同估计方法、不同融资约束指标以及控制内生性之后仍然稳健。在考虑企业所在行业的融资依赖度、所在地区金融发展水平以及企业的规模后，信贷约束对国际化选择的作用仍然显著，且行业融资依赖度越低、地区金融发展水平越高以及规模越大的企业，融资能力对其出口和 OFDI 影响越大，企业越容易参与国际市场。因此，融资约束同生产率一样，都是影响企业参与国际市场的重要因素。完善金融体系，减少企业的信贷约束对出口和 OFDI 具有重要意义。

第六章　生产率和融资异质性的相互作用

第一节　融资约束对企业国际化选择的间接效应分析

一、引言

对外直接投资（OFDI）和出口是企业国际化的不同方式，以哪种方式参与国际市场竞争，企业会有一个权衡。但往往仅有小部分企业采用OFDI的方式参与国际市场，整个欧洲仅有5%的企业采取对外直接投资（Ottavaiano，2007），来自新兴经济体及转型经济体的企业则更不可能以这种方式扩展到海外市场。对外直接投资是增强国家竞争力的象征和工具，同时会使企业的资产多样化并保持稳定增长。因此，非常有必要了解企业层面的国际化因素。

在产品及生产要素市场完全竞争的条件下，对外直接投资是不可能存在的（Kindleberger，1969），因此，传统投资理论都是以市场不完全竞争为中心，寡头厂商可以通过规模经济带来的好处，克服与当地厂商竞争的不足，同时，通过对中间品市场的控制，可以减少企业的交易成本。新新贸易理论以后，学者们开始关注企业生产率异质性引起的企业进入国际市场的自选择效应，只有生产率较高的企业才能克服进入国际市场的固定成本壁垒。但生产率并不是企业克服壁垒的唯一方式，即使生产率非常高的企业也必须依靠外部融资来支撑其国际活动，因此在Melize的异质性模型中加入融资约束很有必要。包含融资约束的企业异质性模型有两个前提，首先，企业进入国外市场必须提前支付巨额的固定成本，因此只有具有充足流动资产的企业才能走出去。其次，投资到国外市场具有不确定风险，银行往往不愿意承担这种不确定性。

金融市场发展不完善及各种金融摩擦的存在，使得企业普遍面临融资约束问题，这也将会影响到企业的生产率、研发投入、出口及投资等行为。为此，学者们从各个方面对融资约束的影响进行了检验，融资约束对企业全要素生产率及研发投入的阻碍作用得到一致认同，融资约束对企业出口的影响也得到广泛验证，相比扩大国内生产用来出口，对外投资需要更多固定成本在国外设厂，对外投资需要更长的时间来收回成本。Peek 和 Rosengren（2002）以 20 世纪 90 年代日元大幅升值为研究背景，发现日本企业在美国投资没有因为升值而增加，反而因为日本国内银行的倒闭而大规模减少。鲜有文章将融资约束对企业各方面的影响进行综合分析，生产率异质性是企业国际化行为的一个决定因素，融资约束对企业生产率和研发的影响将进一步间接影响企业的国际化行为。

为此，我们将运用工业企业数据库和对外投资名录匹配的微观数据，检验融资约束对企业出口和 OFDI 的直接影响，以及通过生产率效应和技术创新效应对企业国际化行为的间接影响进行检验。具体地，我们使用 Mlogit 模型对融资约束对企业国际化选择的直接影响和间接影响进行实证检验，并就研发强度异质性、所有制差异性及职工福利异质性条件下，融资约束的不同影响进行进一步检验。

二、模型建立及变量说明

（一）模型建立

本书的目的是检验融资约束对企业国际化行为的影响，企业的行为有三种状态，分别是不出口也不对外投资、出口但不对外投资、OFDI，被解释变量是离散型的并且有 3 个取值，符合 Mlogit 回归模型的特点，因此我们构建如下模型：

$$P_r(y_i=j)=\varphi\ (\alpha_0+\alpha_1 ln\ tfp_{it}+\alpha_2 l\ nfin_{it}+\sum\alpha_i X_{it}+\mu_i+\varepsilon_{it})\qquad(6.1)$$

$$P_r(y_i=j)=\varphi\ (\alpha_0+\alpha_1 ln\ tfp_{it}+\alpha_2 l\ nfin_{it}+\alpha_3 lntfp_{it}*lnfin_{it}+\sum\alpha_i X_{it}+\mu_i+\varepsilon_{it})\qquad(6.2)$$

$$P_r(y_i=j)=\varphi\ (\alpha_0+\alpha_1 ln\ tfp_{it}+\alpha_2 l\ nfin_{it}+\alpha_3 lnRD_{it}*lnfin_{it}+\sum\alpha_i X_{it}+\mu_i+\varepsilon_{it})\qquad(6.3)$$

其中，j 为虚拟变量，共有 1、2、3 三个取值，$j=1$ 表示企业仅在国内生产销售，为参照组，$j=2$ 和 $j=3$ 分别表示出口和对外直接投资的企业。i 和 t 分别表示企业和年份。模型（1）是基础模型，解释变量主要包括生产率和融资约束，这是影响企业国际化选择最重要的两个因素。为进一步考察融资约束通过生产率效应和技术创新效应对企业国际化选择的间接影响，我们在模型（6.1）的基础上加入融资约束与生产率以及融资约束与研发投入的交互项，分别形成模型（6.2）和模型（6.3）。另外，为考虑影响企业出口（OFDI）的其他因素，我们在模型里加入控制变量 X，X 主要包括企业规模、资本密集度、企业年龄等变量。同时加入时间、省份、行业固定效应以及误差项来反映不可观测的因素。为了克服模型内生性造成的估计偏误，我们将主要解释变量均采用了滞后一期的取值。

（二）变量说明及数据来源

1. 数据来源

本书采用的数据来自《工业企业数据库》与《对外直接投资名录》匹配的综合数据，合并后的数据库包含企业的基本财务信息以及 OFDI 信息。考虑到数据库存在的偏差和遗漏问题，我们对数据进行了筛选，删除关键变量职工人数、固定资产净值、工业增加值、中间品投入、出口交货值等缺失的企业。固定资产净值、中间投入和工业增加值分别用分地区固定资产投资价格指数和燃料、动力类工业生产者购进价格指数以及工业生产者出厂价格指数（以 2003 年为基期）进行平减。为获得企业研发投入的数据，我们仅采用了 2004—2007 年的数据作为本书的研究样本。

2. 变量说明

融资异质性：融资约束指标的构建是研究融资约束问题的难点，目前学者们并未形成统一标准。采用单个代理变量，往往只能反映企业在某种融资渠道上的融资能力，不够全面。因此我们借鉴阳佳余（2012）的方法，构建反映企业融资约束的综合指标。具体地，从内源融资、外源融资、商业信用、自身特征四个方面选择 9 个变量来构造综合得分指标。其中，（1）内源融资约束，我们选择现金流存量和流动性比率（流动资产与流动负债的差值比流动负债）两个指标，二者的数值越高表明企业的内部资金越充裕，面临融资约束的可能性越小；（2）外源融资约束，采用利息支出占销售收入的比值和资产负债比来反映；（3）商业信用，由于缺乏应付账款的数据，我们仅采用应收账款占销售收入的比值来表示；（4）企业自身特征，采用企业规模（总资产的对数）、清产比率（所有者权益与总负债的比值）、有形资产净值率（有形资产与总资产的比值）、企业盈利能力（税后利润与销售收入的比值）四个指标，从不同方面反映企业获得贷款的可能性。

在获得基本指标的基础上，我们按照如下步骤构造综合指标：将企业同一年同一行业中的每个变量在 20、40、60、80 分位数上进行分类，处于 0 ~ 20%、20% ~ 40%、40% ~ 60%、60% ~ 80%、80% ~ 100% 的变量分别赋予 1 ~ 5 不同的数值，将 9 个指标的数值相加则构成综合得分指标，该得分越高表明企业所受的融资约束越小。

生产率：为有效地克服企业要素投入的内生性以及传统估计方法中普遍存在的同步偏差问题和选择偏差问题，我们采用 Levinsohn 和 Petrin（2003）提出的 LP 方法来衡量全要素生产率。LP 方法以中间品投入为代理变量，把总产出归结为劳动、资本、中间品投入等各个生产要素的共同结果，能较好地估算全要素生产率。根据新新贸易理论，我们预计生产率与企业的国际化选择呈正相关关系。

技术创新：研发投入是企业技术创新的基础，也是企业创新动机最直接的反映，我们采用研发投入来衡量企业的技术创新。融资约束对企业技术创新的影响主要体现在研发资金的投入上，融资能力强的企业，有足够的资金为技术创新获得提供保障，融资约束严重的企业则不能保证创新活动需要的资金投入。

控制变量：资本密集度（capital），用固定资产净值与从业人数比值的对数表示。考虑到中国在劳动密集型行业上的比较优势，预期资本密集度与企业的出口和对外直接投资呈负相关。企业规模（size），规模经济的存在使得规模较大的企业更能支付参与国际市场的沉没成本，规模越大也越有克服各种风险的能力，因此我们预期企业规模与参与国际市场呈正相关关系，并用就业人员数的对数来反映企业的规模；企业年龄（age），成立时间较长的企业往往能积累丰富的应对各种风险及挑战的经验，容易与国内外的企业建立良好的关系，更容易参与国际市场，我们用样本年份减去企业成立的年份来表示企业的年龄。各变量的基本情况如下：

表 6.1　变量基本情况描述

Variable	Obs	Mean	Std. Dev.	Min	Max
融资异质性	375549	27.12	4.921	10	43
生产率	375549	6.607	1.184	-2.874	14.76
资本密集度	375549	3.869	1.301	-6.144	14.31

续表

Variable	Obs	Mean	Std. Dev.	Min	Max
企业规模	375546	10.36	1.508	3.784	20.15
企业年龄	375543	10.89	11.31	1	218
技术创新	375817	2.209	3.306	0	16.33

（三）结果分析

在回归之前我们通过观察方差膨胀因子确定模型不存在多重共线性问题，并通过对全要素生产率、融资约束、研发投入等变量去对数来控制数据的异方差问题，解释变量滞后期的选择则解决了模型可能存在的内生性问题，具体回归结果如表6.2：模型（1）的结果显示融资约束的系数显著为正，表明融资能力的提高可以促进企业出口和OFDI，且对OFDI的促进作用更大，假说1得到验证。模型（2）的结果显示融资约束与生产率的交互项系数显著为正，表明融资能力的提高可以通过提高生产率进一步促进企业的国际化行为，具有竞争力优势且融资能力较强的企业更容易参与国际市场，假说2得到验证。具体地，融资约束每降低一单位，可以通过生产率效应使企业出口和OFDI的概率提高1.2%和1.3%。模型（3）的结果显示融资约束与技术创新的交互项系数显著为正，表明融资能力的提高可以通过促进企业创新进一步促进其国际化行为，假说3得到验证。具体地，融资能力每提高一单位，可以通过技术创新效应使企业出口和OFDI的概率提高1.5%和1.8%。融资约束降低既能直接提高企业出口和投资的可能性，也能通过生产率效应和技术创新效应间接促进企业的国际化行为。

生产率对企业国际化的影响显著为正，符合新新贸易理论的自选择效应假说，效率越高的企业越倾向于出口和对外直接投资。资本密集度的系数显著为负，表明劳动密集型的企业更有可能参与国际市场，这可能与我们研究样本的时间段有关。在这段时间，我国出口产品的质量比较低，处于全球价值链的低端，但企业掌握了低成本、规模化的生产能力，从而形成一批具有竞争力的“走出去”企业。企业规模越大、成立时间越久以出口和OFDI的方式参与国际市场的可能性越大，符合理论预期。

表 6.2　融资约束直接效应、间接效应回归结果

模型	模型（1）		模型（2）		模型（3）	
	出口	OFDI	出口	OFDI	出口	OFDI
TFP	0.095*** (23.66)	0.053* (1.66)	0.088*** (16.10)	0.062* (1.66)	0.096*** (23.86)	0.053* (1.65)
fin	0.286*** (14.17)	0.936*** (5.06)	0.297*** (14.03)	0.976*** (5.13)	0.262*** (12.96)	0.884*** (4.77)
fin × TFP			0.012** (2.26)	0.013*** (8.87)		
fin × RD					0.015*** (43.12)	0.018*** (7.51)
capital	-0.113*** (-26.24)	-0.375*** (-12.83)	-0.127*** (-29.04)	-0.386*** (-12.92)	-0.108*** (-25.10)	-0.371*** (-12.63)
size	0.298*** (54.05)	0.988*** (24.32)	0.298*** (52.01)	0.976*** (22.84)	0.246*** (43.45)	0.924*** (22.07)
age	0.010*** (32.80)	0.011*** (5.25)	0.010*** (31.99)	0.012*** (5.16)	0.012*** (37.18)	0.014*** (6.08)
常数项	-4.27*** (-65.97)	-16.072*** (-26.26)	-4.386*** (-66.57)	-16.030*** (-25.98)	-3.790*** (-57.60)	-15.366*** (-24.70)
时间	控制	控制	控制	控制	控制	控制
行业	控制	控制	控制	控制	控制	控制
地区	控制	控制	控制	控制	控制	控制
Mcfadden	0.332	0.332	0.332			
样本量	375549	375549	375549			

注：***、** 和 * 分别表示在 1%、5% 和 10% 的水平上显著。

三、进一步分析

虽然融资约束对所有企业都很重要，但不同行业对融资的依赖度不同，从而导致融资约束对企业国际化行为的影响也不同。接下来我们将从研发强度异质性、私营企业、职工福利异质性三个方面来检验融资约束对企业国际化选择影响的差异性。

（一）研发强度异质性

研发投入是影响行业融资脆弱性的重要因素，研发投入较高的行业往往对外部融资依赖较高。研发投入是一个持续的高风险过程，需要连续不断的资金投入，靠企业自身的资金难以实现。比如医药行业，药物研发的巨额投资及高风险往往都是依赖外部资金的支撑。为检验企业研发投入异质性的影响，我们引入研发强度虚拟变量（dum），若企业的研发强度高于行业平均研发强度则为1，否则为0，并将该虚拟变量分别与三个模型中的融资约束、融资约束与生产率的交互项、融资约束与创新交互项相乘，来检验研发强度异质性对融资约束直接效应及间接效应的影响。具体回归结果如下：

表6.3　研发强度异质性回归结果

模型	模型（1）		模型（2）		模型（3）	
	出口	OFDI	出口	OFDI	出口	OFDI
fin	0.249*** (12.32)	0.867*** (4.67)	0.254*** (12.33)	0.870*** (4.67)	0.263*** (12.99)	0.884*** (4.77)
fin × TFP			0.017*** (4.37)	0.019*** (7.93)		
fin × RD					0.012*** (2.88)	0.017*** (7.16)
fin × dum	0.107*** (45.33)	0.122*** (6.47)				
fin × TFP × dum			0.037*** (47.63)	0.041*** (7.15)		
fin × RD × dum					0.015*** (43.03)	0.018*** (7.52)

注：***、** 和 * 分别表示在1%、5%和10%的水平上显著。

由回归结果可以看出，研发强度虚拟变量与三者的交互项系数均显著为正。对于企业出口，研发强度高的企业，融资能力每提高一单位，出口的可能性将提高42.8%（e^(0.249 + 0.107) - 1)，而强度低的企业仅提高28.2%（e^0.249 - 1)；通过提高生产率间接提高出口的概率分别为5.4%和3.7%；通过创新间接提高出口的概率分别为2.7%和1.2%。因此，融资约束对研发强度较高企业的出口促进作用更强。同样地，融资能力的提高更能促进研发强度高企业的对外直接投资活动。融资能力每提高一单位，给研发强度较高企业带来的直接和间接促进作用均高于研发强度低的企业。

（二）私营企业

发展中国家的金融市场发展往往存在一些扭曲及不完善的地方，像中国银行体系给私营企业贷款中就存在各种信贷歧视，国有银行向外贷款往往具有政策导向性而非商业导向（Cull，2003）。虽然私营企业占经济增长的贡献率达到50%，但贷款只占银行贷款的7%（Firth，2009），因此私营企业面临的融资约束是最严重的。2004年，全国人民代表大会通过了保护私有财产权利的法案，强调私有财产与公有财产的平等性。虽然法律上以及官方都不断加强对私有企业的支持，但传统外源融资来源的国有性质依然导致资本配置对私营企业的歧视。我们认为融资约束对私营企业的影响更大，并通过加入所有制虚拟变量（私营企业为1，否则为0）与三个模型中主要融资约束解释变量的交互项来反映，回归结果如下（表6.4）：

表6.4　私营企业回归结果

模型	模型（1）		模型（2）		模型（3）	
	出口	OFDI	出口	OFDI	出口	OFDI
fin	0.271*** (13.39)	0.970*** (5.21)	0.186*** (8.74)	1.015*** (5.30)	0.249*** (12.29)	0.903*** (4.86)
fin × TFP			0.026*** (4.93)	0.053 (1.23)		
fin × RD					0.018*** (47.29)	0.013*** (5.09)
fin × poe	0.148*** (61.73)	0.148*** (7.40)				
fin × TFP × poe			0.050*** (62.25)	0.045*** (7.16)		
fin × RD × poe					0.012*** (47.29)	0.023*** (6.55)

注：***、**和*分别表示在1%、5%和10%的水平上显著。

私营企业的回归结果与我们预期一致，加入三个模型的交互项均显著为正，表明融资约束对私营企业参与国际市场可能性的影响更大。具体地，融资能力每提高一单位，直接促进私营企业的出口概率增加52.0%，而非私营企业增加31.1%；通过生产率和创新间接促进私营企业出口概率增加7.8%和3.0%，非私营企业增加2.6%和1.8%。对外直接投资活动与出口类似，融资能力改善对私营企业的促进作用更大。与国有企业相比，阻碍私营企业走出去的壁垒主要是融资约束而非生产率，因此融资约束的降低可以较大幅度提高其参与国际市场的可能性。

（三）职工福利异质性

企业可以通过调节内部劳工情况来减少其对外部资金的依赖，虽然劳工情况与企业融资能力的研究较少，但 Bebchuk 和 Cohen（2005）发现劳工情况严格的公司比劳工情况灵活的公司拥有较低的利润率，MacKay（2003）认为死板的劳工合同会限制企业获得外部融资的能力，Kayhan（2003）指出劳动密集型的企业为避免雇员引起的破产往往持有较低的负债。因此，劳工情况与企业的融资条件、绩效及投资行为等拥有广泛的联系。员工工资及福利是企业成本的重要组成部分，当企业与雇员之间的劳工合同非常严格时，劳动力成本则非常固定，企业如果要解雇员工，往往要付出巨大的代价。这会使企业的融资决策比较保守，尽量减少向银行借款等，即使银行贷款是可得的。但如果企业和雇员之间的劳工合同相对有弹性，企业可以根据市场环境，增加或减少雇员的数量，这将使企业保持较高的现金流及利润率，另外，灵活的劳工合同也可以减少企业进行外部融资时破产的风险。因此，劳工合同严格的企业，融资能力提升对其走出去的促进作用更大。

表6.5　职工福利异质性回归结果

模型	模型（1）		模型（2）		模型（3）	
	出口	OFDI	出口	OFDI	出口	OFDI
fin	0.277*** (13.71)	0.951*** (5.14)	0.297*** (14.08)	0.902*** (4.71)	0.262*** (12.94)	0.884*** (4.77)
fin × TFP			0.062*** (11.87)	0.202*** (4.23)		

续表

模型	模型（1）		模型（2）		模型（3）	
	出口	OFDI	出口	OFDI	出口	OFDI
fin × RD					0.014 *** (37.76)	0.018 *** (7.23)
fin × poe	0.028 *** (9.84)	0.032 *** (7.49)				
fin × TFP × lab			0.009 *** (10.01)	0.007 *** (6.35)		
fin × RD × lab					0.003 *** (5.15)	0.008 *** (2.97)

注：***、** 和 * 分别表示在 1%、5% 和 10% 的水平上显著。

我们用劳动、待业保险费、住房公积金和住房补贴及养老保险和医疗保险费之和反映企业的福利情况。在中国，企业必须为全职员工购买保险，但兼职员工则不需要。因此，这些指标可以间接反映企业雇佣兼职员工的情况。考虑到国有企业员工的福利水平相对较高，但国有企业面临融资约束较低，融资条件改善对其国际化行为影响不大，我们在本部分的研究仍然只用私营企业样本。同样地，我们设定反映企业职工福利情况的虚拟变量，人均福利情况高于行业平均水平的则为 1，否则为 0。回归结果显示，职工福利虚拟变量与融资约束交互项对企业出口的影响系数为 0.028，因此融资约束的总影响系数为 0.305，即融资约束改善可以使福利较高企业的出口概率增加 35.6%，而较低企业仅增加 31.9%。通过生产率和创新间接促进出口概率增加分别为 7.3% 和 1.7%，高于福利较低企业的 6.3% 和 1.4%。对外直接投资活动受到融资约束的影响情况与出口一致。

第二节　生产率和融资约束在企业出口中的门槛效应分析

一、引言

随着跨国公司活动的日益复杂，传统贸易理论的同质性及无融资约束假设与现实情况越来越不匹配，也无法解释为什么只有部分企业可以出口。企业异质性理论开始得到广泛关注，出口企业往往具有更高的生产率、生产规模及资本密集度等。Clerides et al.（1998）首先在实证检验中发现了企业异质性对跨国行为的重要性，Melitz（2003）则从理论上提出了生产率异质性在企业国际化选择中具有重要作用，企业是否出口存在“自选择效应”。Head 和 Ries（2003）、Eaton et al.（2004）、Bernard et al.（2007）等分别从实证角度验证了生产率越高的企业越容易出口的观点。国内学者们也就生产率对企业是否出口、出口规模、出口持续性、作用机制的影响进行了一系列验证，有的支持新新贸易理论的观点，有的则发现中国出口企业存在“生产率悖论”，并从出口结构等方面给予了解释。

生产率是决定企业出口的重要因素，但并不是唯一因素。在生产率异质性理论中隐含着的假设条件是，金融市场非常完善，企业可以通过内部融资或无额外成本的外部融资得到出口的资金，规模较小的企业因为生产率水平较低而不能进入国际市场，而由于信息不对称，规模较小的企业往往在资本市场上也处于不利地位，融资约束是其进入国际市场的另一重要壁垒。成熟的金融体系是企业获得最优资本存量从而实现规模经济的必要条件，同时出口面临巨大的沉没成本，只有资金充裕的企业才能承担。Manova（2006）认为，融资约束会提高企业出口的生产率阈值，加强生产率对企业出口的负面影响，Greenaway et al.（2005）首次从实证角度检验融资约束对出口的影响，运用英国 9292 家制造业企业数据研究发现面临融资约束的企业不容易出口。

企业的异质性不是单独由生产率或融资能力体现的，而是两者的综合反映。一部分生产率较高的企业，若进入国际市场可以实现盈利，但由于缺乏足够的进入资金而不能实现出口。融资约束往往对规模较小以及年轻的企业作用更明显，而出口企业往往是生产率较高的企业，Chaney（2005）认为融资约束会影响企业出口，但影响程度取决于企业的生产率水平，只有在一定的生产率范围内融资约束的阻碍作用才存在。现有文献关于融资约束与生产率对企业出口影响中的相互作用的研究较少，因此我们将在理论模型的基础上提出本书的假说，融资约束对出口的影响存在生产率门槛，并通过动态门限模型进行检验，进一步结合中国微观企业数据进行分析。具体安排如下：第二部分是理论模型，第三部分是门限模型，第四部分是稳健性检验。

二、理论模型

为检验生产率和融资约束对企业出口决策的影响，我们在寡头垄断竞争的框架下构建企业异质性模型进行分析。企业在国内生产，通过出口的方式参与国际市场，在企业获得收益之前需要一定的前期投入，首先，企业进行生产需要支付固定成本F_i，同时生产过程中会产生可变成本$c/\beta x_i$，β表示企业的生产率水平，β值越大表明生产率水平越高，边际成本则越低。另外，出口企业还面临冰山成本τ。内部资金一般不足以支撑企业的前期投入，外部融资成为企业的必然选择，设企业需要外部融资的比率为s，使用内部资金的比率为1－s。而外部融资的成本往往要高于内部融资，假设内部融资的成本为1，外部融资的成本为γ（$\gamma>1$），γ可以用来反映企业面临的融资约束程度，γ越大表明企业的融资成本越高，面临的融资约束越大。

Dixit－Stiglitz垄断竞争模型框架下，代表性消费者的效用函数为$U=\left(\int_{\omega\in\Omega}(x(\omega))^{\frac{\sigma-1}{\sigma}}d\omega\right)^{\frac{\sigma}{\sigma-1}}$，消费者的需求函数为$x_i=\frac{E\,P_i^{-\sigma}}{P^{1-\sigma}}$，其中综合价格指数$P=\left(\int_0^n p(\omega)^{1-\sigma}d\omega\right)^{1/(1-\sigma)}$，支出水平$E=\int_0^n p(\omega)q(\omega)d\omega$。因此，当企业无外源融资时的利润函数为：$\pi_i=q\frac{p_ix_i}{\tau_i}-\frac{c}{\beta}x_i-F_i$；当企业借助外源融资进行投资时，利润函数为：$\pi_i=q\frac{p_ix_i}{\tau_i}-\gamma\left(\frac{c}{\beta}x_i-F_i\right)$，企业设定利润最大化的价格水平$p_i=\frac{c\,\tau_i}{\beta}\frac{\sigma}{\sigma-1}$和$p_i=\frac{\gamma c\,\tau_i}{\beta}\frac{\sigma}{\sigma-1}$，从而我们得到企业的利润水平：$\pi_i=\frac{E}{\sigma}\left(\frac{c\,\tau_i}{\beta P}\frac{\sigma}{\sigma-1}\right)^{1-\sigma}-F_i$和$\pi_i=\frac{E}{\sigma}\left(\frac{\gamma c\,\tau_i}{\beta P}\frac{\sigma}{\sigma-1}\right)^{1-\sigma}-\gamma\,F_i$。根据企业使用内部资金和外部资金的比例，我们得到企业的综合利润水平公式：

$$\pi_i=(1-s)\left[\frac{E}{\sigma}\left(\frac{c\,\tau_i}{\beta P}\frac{\sigma}{\sigma-1}\right)^{1-\sigma}-F_i\right]+s\left[\frac{E}{\sigma}\left(\frac{\gamma c\,\tau_i}{\beta P}\frac{\sigma}{\sigma-1}\right)^{1-\sigma}-\gamma\,F_i\right]\quad(6.4)$$

根据利润公式（1），我们可以得到三个利润率阈值，首先是利润水平为0，即企业是否进行出口的生产率临界水平：

$$\beta^*=\left[[s\,\gamma^{(1-\sigma)}+(1-s)]^{-1}\left(\frac{c\tau}{P}\frac{\sigma}{\sigma-1}\right)^{\sigma-1}\left(\frac{E}{\sigma}\right)^{-1}F_i(1-s)+s\gamma\right]^{\frac{1}{\sigma-1}}\quad(6.5)$$

当生产率水平高于β^*时，企业出口是有利的。根据（6.5）式可得$\frac{\partial \beta^*}{\partial \gamma} > 0$，融资成本提高会提高企业出口的生产率阈值，不利于企业的出口活动。进一步我们可以得到β_1和β_2，$\beta_1 = \left[F_i \left(\frac{E}{\sigma} \right)^{-1} \left(\frac{c\tau}{P} \frac{\sigma}{\sigma - 1} \right)^{\sigma - 1} \right]^{\frac{1}{\sigma - 1}}$，即$s = 0$时的生产率阈值，当$\beta_i < \beta_1$时，表示企业生产率特别低，即使不存在融资约束也不会出口。$\beta_2 = \gamma^{\frac{1}{\sigma - 1}}$，即$s = 1$时的生产率阈值，当$\beta_i > \beta_2$时，表示企业的生产率足够高，即使存在很严重的融资约束，也可以出口。因此我们提出本书的假设：

假说一：融资约束通过提高企业出口的生产率阈值阻碍企业出口，同时只有生产率水平高于某一阈值时，融资能力的提高才会促进企业的出口，当生产率水平特别低或特别高时，融资能力的作用会低一些，甚至没作用。

与供应国内市场相比，出口企业需要更多的前期支出，包括了解潜在出口市场的获利能力、特定市场的资金投入、产品定制及设立保持国外销售网络等，因此具有更强烈的资金需求，只有具有充足资金来源的企业，才能开展国际贸易活动。企业的生产率水平和融资能力对企业出口的影响互为条件，因此我们提出另一假说：

假说二：只有融资能力高于某一阈值时，生产率的提高才会促进企业的出口。

三、实证检验

（一）模型设定

为检验生产率和融资约束对企业出口扩展边际的影响，我们分别通过构建门槛模型和建立交互项模型检验生产率和融资约束的相互作用，并通过系统 GMM 模型检验其对出口扩展边际的影响。当分析出口扩展边际时，被解释变量为二元离散变量，企业出口为 1，不出口为 0，适合采用 Probit 模型进行估计，具体如模型（6.6）。当分析出口集约边际时，我们以出口规模为解释变量，把出口规模的滞后一期加入解释变量，构建动态面板模型（6.7），并采用系统 GMM 进行回归，来有效地克服可能存在的内生性问题。

$$\Pr(EX = 1) = \alpha_0 + \alpha_1 TFP_{it} + \alpha_2 Fin_{it} + \alpha \sum X_{it} + \varepsilon_{it} \tag{6.6}$$

$$\mathrm{Exp}_{it} = \alpha_0 + \alpha_1 Exp_{it-1} + \alpha_2 TFP_{it} + \alpha_3 Fin_{it} + \alpha \sum X_{it} + \varepsilon_{it} \tag{6.7}$$

根据理论模型，融资约束对企业出口的影响存在生产率门槛效应，为检验融资约束对不同生产率水平企业的不同影响，我们采用门槛回归方法。门槛回归方法是自动确定门槛值的分组检验方法。假设存在一个生产率门槛值 τ，当生产率水平大于和小于这个门槛值时，融资约束对企业出口的影响不同，则可构建如下门槛模型：

$$\begin{aligned}\mathrm{Exp}_{it} = {} & \alpha_0 + \alpha_1 Exp_{it-1} + \alpha_2 TFP_{it} + \alpha_3 Fin_{it} \times I(TFP_{it} \leqslant \tau) + \\ & \alpha_4 Fin_{it} * I(TFP_{it} > \tau) + \alpha \sum X_{it} + \varepsilon_{it}\end{aligned} \tag{6.8}$$

$I(\cdot)$为示性函数，模型中，我们通过最小化 τ 的残差平方和来获得适当的门槛值，并通过构建统计量来检验α_3和α_4是否具有明显的差异，以及是否等于真实值来保证模型回归结果的准确性。当模型存在两个门槛值时，模型将变为：

$$\begin{aligned}\mathrm{Exp}_{it} = {} & \alpha_0 + \alpha_1 Exp_{it-1} + \alpha_2 TFP_{it} + \alpha_3 Fin_{it} \times I(TFP_{it} \leqslant \tau_1) + \\ & \alpha_5 Fin_{it} \times I(\tau_1 \leqslant TFP_{it} < \tau_2) + \alpha_5 Fin_{it} \times I(TFP_{it} > \tau_2) \\ & + \alpha \sum X_{it} + \varepsilon_{it}\end{aligned} \tag{6.9}$$

当检验生产率对出口影响的融资约束门槛时，则以融资约束为门槛变量。为进一步检验生产率和融资约束的相互作用，我们在门槛模型的基础上，人为分组加入交互项，具体模型如下：

$$\begin{aligned}\Pr(EX = 1) = {} & \alpha_0 + \alpha_1 TFP_{it} + \alpha_2 Fin_{it} + \alpha_3 Fin_{it} \times DUM_1 \\ & + \alpha \sum X_{it} + \varepsilon_{it}\end{aligned} \tag{6.10}$$

$$\begin{aligned}\Pr(EX = 1) = {} & \alpha_0 + \alpha_1 TFP_{it} + \alpha_2 Fin_{it} + \alpha_3 TFP_{it} \times DUM_2 \\ & + \alpha \sum X_{it} + \varepsilon_{it}\end{aligned} \tag{6.11}$$

其中DUM_1和DUM_2为虚拟变量，分别表示生产率和融资约束是否处于最优区间，当处于最优区间时为1，否则为0。

（二）变量选择

为检验生产率和融资约束对企业出口的影响，我们需要构建的主要变量有被解释变量。如出口，以及主要解释变量，如生产率和融资约束等，具体构建方法如下：

（1）出口：我们采用两种方式来衡量企业的出口。首先是采用虚拟变量，当企业的出口交货值大于0时为1，否则为0。在检验生产率和融资约束对企业出口影响的门槛效应时，我们采用这种方式衡量。其次是在检验融资约束对持续出口企业出口规模的影响时，我们采用出口交货值的对数来衡量。

（2）全要素生产率：为了避免由于生产率与投入要素之间的相关性而导致的生产函数系数估计偏误，本书将分别采用 Levinsohn 和 Petrin（2003）的方法（LP）计算 TFP。LP 法以企业中间投入作为不可观测的生产率代理变量，有效地克服企业要素投入的内生性以及传统估计方法中普遍存在的同步偏差问题和选择偏差问题。LP 法的回归方程为：

$$v_t = \alpha_0 + \alpha_1 L_t + \alpha_k K_t + w_t + \eta_t = \alpha_1 L_t + \varphi_t(K_t,\ m_t) + \eta_t \qquad (6.12)$$

其中$\varphi_k(k_t,\ m_t) = \alpha_0 + \alpha_k K_t + w_t(k_t,\ m_t)$，t 表示年份，$v_t$表示增加值，$L_t$、$K_t$、$m_t$分别表示劳动投入、资本投入和中间投入，计算过程中资本变量选择固定资产值，代理变量选择工业中间投入，产出变量采用工业增加值。并分别用分地区固定资产投资价格指数和燃料、动力类工业生产者购进价格指数以及工业生产者出厂价格指数（以2003年为基期）进行平减。

（3）融资异质性：根据不同回归模型的需要，我们采用三种方式来衡量企业的融资约束水平。首先是将企业的融资分为内源融资和外源融资，内源融资用流动资产总计与应收账款和存货的差值测算得到现金存量表示，外源融资用利息支出和固定资产的比值表示，比值越高表明企业的融资能力越强，融资约束越小。其次，我们参考阳佳余（2012）从内源融资、外源融资、商业信用、自身特征四个方面选择9个变量来构造综合得分指标。将企业同一年同一行业中的每个变量在20、40、60、80分位数上进行分类，处于0～20%、20%～40%、40%～60%、60%～80%、80%～100%的变量分别赋予1～5不同的数值，将9个指标的数值相加则构成综合得分指标，该得分越高表明企业所受的融资约束越小。最后，我们采用企业营运资本投资敏感性指标来构建融资指数，具体构造包括两步，首先估计营运资本投资为被解释变量，企业的规模、销售增长率、抵押担保水平、负债水平、所有制等为解释变量的模型，得到随机误差项；其次，用现金流加权的随机误差项减去未加权的随机误差项就得到营运资本投资敏感性指标。该指标绝对值越大表明企业所受的融资约束越大，因为值越大，表明企业的营运资本投资受现金流影响越大。

(4) 控制变量主要包括三个方面：首先是企业年龄、企业规模、资本密集度和工资水平等反映企业自身特征的变量。企业年龄用样本年份减去企业成立年份加1表示，企业规模用年末工人数表示，资本密集度用固定资产净值年均余额与从业人员平均人数比表示，工资水平用工资总额与从业人数的比值表示。其次是所有制控制变量。为控制所有制差异对企业出口的影响，我们加入了国有企业和外资企业两个虚拟变量。当企业为国有企业时，国有企业虚拟变量为1，否则为0。当企业为外资企业时，外资企业虚拟变量为1，否则为0。最后是地区行业虚拟变量。模型中加入时间、地区和行业固定效应，分别来控制宏观经济波动、地区因素和行业因素对出口规模的影响。

（三）数据来源

本书数据来自于中国国家统计局的《中国工业企业数据库》，该数据库包含全部国有企业和规模以上非国有企业的基本财务指标。具体地，在分析生产率和融资约束对企业是否出口的影响时，我们采用2003—2007年的企业数据，并删掉不符合一般会计准则及遗漏重要变量的数据。在分析二者对企业出口规模的影响时，我们采用2003—2007年持续出口的企业作为样本。为克服内生性，在门槛模型回归时解释变量均用了滞后一期的数据，同样系统GMM回归中也要用到出口滞后一期的数据，因此，具体回归过程使用的是2004—2007年的面板数据。

四、结果分析

（一）门槛效应分析

为了检验融资约束对企业出口影响的生产率阈值效应，我们将企业生产率作为门槛变量构建门槛模型进行检验，而生产率较高的企业往往是生产规模较大的企业，因此，我们进一步采用企业规模作为门槛变量对模型进行了进一步检验。为检验生产率和融资约束对企业出口的相互影响，我们将融资约束作为门槛变量构建门槛模型。根据门槛变量选取的不同，我们分别构建了生产率门槛模型、生产规模门槛模型和融资约束门槛模型。出口企业可以通过外汇收入、给银行带来良好预期等方式提高融资能力，同时企业出口学习效应可能会提高企业的生产率水平，为避免可能存在的内生性问题，我们所有的解释变量均采用滞后一期的数据来表示。

首先，对门槛模型进行 Bootstrap 自抽样检验，检验效果如表 6.6。结果显示，生产率单一门槛和双重门槛分别通过了 5% 和 10% 的显著性检验，模型具有双重门槛。两个门槛值分别为 6.587 和 7.825，因此企业的生产率区间被划分为 $lntfp \leqslant 6.587$、$6.587 < lntfp \leqslant 7.825$ 和 $lntfp > 7.825$ 三个区间。同样，企业生产规模也具有双重门槛。企业的融资约束水平仅有单一门槛模型通过了 5% 的显著性检验，因此具有单一门槛，门槛值为 25，将企业面临的融资约束分成 *score* 得分 $\leqslant 25$ 和 *score* > 25 两个区间。

表 6.6　门槛效果检验

	生产率门槛		生产规模门槛		融资约束门槛	
	F 统计量	P 值	F 统计量	P 值	F 统计量	P 值
单一门槛	19.04	0.023	79.07	0.000	19.21	0.047
双重门槛	15.22	0.076	55.67	0.013	9.96	0.297
三重门槛	7.10	0.613	37.65	0.423	6.60	0.473

其次，对各模型的进一步回归结果如表 6.7。生产率门槛模型显示，生产率水平和内源融资都显著促进企业出口，而外源融资对企业出口的影响因生产率水平的不同而不同。在生产率水平较低时，外源融资对企业出口的促进作用不明显，当生产率水平跨过第一个门槛，在生产率水平的第二个区间，外源融资显著提高企业出口的可能性，当生产率水平进入第三个区间，外源融资的促进作用又变得不明显。这与假说一的结论完全一致，生产率水平过高或过低时，外源融资的作用都不明显，只有生产率水平处于一个适当的范围内，融资水平的提高才会显著地促进企业的出口行为。生产规模模型的回归结果与生产率门槛模型一致，生产规模过大或过小时，外源融资对企业出口的促进作用都不明显，只有生产规模处于一定区间时，融资水平的提高才能显著促进出口。

融资约束门槛模型我们采用综合得分法衡量企业的整体融资水平，生产率对企业出口的促进作用存在融资约束门槛，当融资能力跨过一定的门槛值之后，生产率对企业出口的促进作用显著增加，假说二得以验证。与供应国内市场相比，出口企业需要更多的前期支出，包括了解潜在出口市场的获利能力、特定市场的资金投入、产品定制及设立保持国外销售网络等，因此具有更强烈的资金需求，只有具有充足资金来源的企业，才能开展国际贸易活动。这也可以解释为什么许多生产率相仿的企业，出口倾向却存在显著差异。导致中国民营企业出口生产率悖论的最根本原因在于强融资约束。由于信贷歧视等原因，民营企业面临更严峻的融资约束问题，融资约束成为造成高生产率民营企业无法出口的重要原因。生产率和融资约束对企业出口的影响互为门槛，生产率处于适当的区间内，融资能力的提高才能促进出口，同样，融资水平跨过一定的门槛值，生产率才能很好地发挥对出口的促进作用，二者都是企业出口的必要因素，缺一不可。

其他控制变量对企业出口的影响。企业年龄的系数显著为正，表明企业成立时间越长，出口的可能性越大。企业生产规模与企业出口呈正相关关系，规模越大的企业越有可能参与出口。资本密集度的系数显著为负，这可能是由于我国早期出口以劳动密集型产业为主造成的。工资水平的系数显著为正，工资水平的提高虽然可能增加企业的成本，不利于企业的出口，但工资水平较高的企业，往往是竞争力较强的企业，是出口可能性较大的企业。国有企业虚拟变量的系数不显著，而外资企业的系数显著为正，许多外资企业利用中国的政策优惠到中国投资，然后将产品出口到第三国，从而促进企业出口。

表 6.7　门槛回归检验结果

	生产率门槛	生产规模门槛	融资约束门槛
*TFP*1	0.137*** (8.55)	0.140*** (6.60)	0.118*** (5.51)
*TFP*2			0.180*** (14.64)
Score			0.025*** (3.99)
*Efin*1	0.04 (1.50)	0.03 (0.95)	
*Efin*2	0.09*** (3.77)	0.09*** (3.63)	

续表

	生产率门槛	生产规模门槛	融资约束门槛
Efin3	0.04 (1.19)	0.05 (0.20)	
ifin	0.03*** (2.62)	0.09*** (3.77)	
Age	0.004*** (2.88)	0.003*** (3.08)	0.004* (1.78)
size	0.688*** (32.71)	0.657*** (29.26)	0.795*** (26.63)
capital	-0.117*** (-8.07)	-0.112*** (-7.74)	-0.090*** (-4.17)
wage	0.075*** (4.16)	0.078*** (4.31)	0.071*** (2.61)
Soes	0.017 (0.27)	0.02 (0.764)	0.075 (0.64)
Fies	0.357*** (4.85)	0.348*** (4.74)	0.317*** (3.03)
C	-4.094*** (-18.13)	-4.12*** (-18.22)	-4.532*** (-14.28)
模型	固定效应	固定效应	固定效应

注：***、** 和 * 分别表示在1%、5%和10%的水平上显著。

（二）所有制分析

通过门槛效果检验发现生产率存在双重门槛，融资约束存在单一门槛，因此生产率水平被划分为三个区间，融资约束被划分为两个区间。在此基础上，我们分别计算出不同所有制类型企业生产率和融资约束处于不同区间上的企业所占的百分比，具体如下：

表6.8　不同所有制企业生产率分布

生产率水平	国有企业（%）			私营企业（%）			外资企业（%）		
	2005	2006	2007	2005	2006	2007	2005	2006	2007
$lntfp \leq 6.587$	69.19	65.25	49.15	67.92	63.83	57.41	51.84	46.80	43.18
$6.587 < lntfp \leq 7.825$	20.76	22.44	32.33	26.84	29.63	33.58	34.44	37.23	38.35
$lntfp > 7.825$	10.06	12.32	18.53	5.24	6.54	9.02	13.72	15.97	18.47

表6.9　不同所有制企业融资能力分布

融资能力	国有企业（%）			私营企业（%）			外资企业（%）		
	2005	2006	2007	2005	2006	2007	2005	2006	2007
$score \leq 25$	20.34	19.97	20.14	23.50	23.30	23.46	12.18	12.20	13.22
$score > 25$	79.66	80.03	79.86	76.50	76.70	76.54	87.82	87.80	86.78

由不同所有制企业生产率分布可知，不论国有企业、私营企业还是外资企业，生产率处于第一区间的企业数最多，表明生产率是制约我国企业出口的最主要因素。企业若不提高生产率水平，单纯依靠政府的融资政策改善，效果甚微。生产率处于第二区间的企业是融资能力提升对其出口作用最大的企业，国有企业处于该区间的企业比率最少，私营企业略高于国有企业，外资企业最高。国有企业和外资企业生产率处于第三区间的比率都较高，私营企业的比率较低，该区间企业生产率足够高，对融资依赖较小。

由不同所有制企业融资能力分布可知，大部分企业都跨过了门槛值，处于较高的融资能力区间，与之前大家普遍认为的中国企业普遍面临严峻的融资约束问题有所不同。这也进一步验证了生产率提高对企业出口的重要性。针对不同所有制类型，私营企业中融资能力未跨越门槛值的比例最高，即相对于国有企业和外资企业，私营企业更需要融资支持。

（三）稳健性检验及集约性分析

为了进一步检验融资约束和生产率与企业出口的相互影响，并对门槛回归的结果进行稳健性检验，我们通过门槛回归结果构建虚拟变量，并在模型中加入交互项进行检验。具体地，（1）和（2）对应的是生产率门槛模型和生产规模门槛模型，当生产率和生产规模处于最优门槛区间时，生产率和生产规模虚拟变量为1，否则为0，并与外源融资约束相乘得到交互项加入模型。（3）对应的是融资约束门槛模型，解释变量为综合得分法计算的融资约束水平，当得分大于25时，融资约束虚拟变量为1，否则为0，并与生产率相乘得到交互项加入模型。

（1）（2）（3）的交互项结果均显著为正，表明适当的生产率水平、生产规模会促进融资约束改善对出口的促进作用，融资水平较高时，生产率对出口的促进作用会有所提高。因此，生产率和融资约束对企业出口的影响相互作用。生产率对出口的促进作用离不开融资能力的提升，融资对出口的影响也具有一定的生产率前提。

表 6.10 稳健性检验及集约性分析

	(1)	(2)	(3)	(4)	(5)	(6)
Exp - 1				0.062 *** (6.37)	0.067 *** (6.70)	0.044 *** (2.83)
TFP	0.161 *** (77.58)	0.094 *** (37.09)	0.077 *** (19.94)	0.248 *** (33.28)	0.253 *** (34.22)	0.249 *** (22.26)
内源融资	0.072 *** (5.69)	0.002 (0.99)		0.445 *** (9.11)		
外源融资	0.043 *** (5.85)	0.008 *** (3.95)		0.012 *** (12.36)		
综合指标			0.005 *** (4.24)		0.062 * (1.78)	-0.008 *** (4.58)
交互项	0.039 *** (5.29)	0.034 *** (5.42)	0.007 *** (4.19)			
Age	0.343 *** (115.22)	0.256 *** (84.29)	0.232 *** (53.59)	0.126 *** (7.13)	0.247 *** (6.25)	0.147 *** (5.77)
size	0.403 *** (89.66)	0.426 *** (174.32)	0.447 *** (123.05)	0.375 *** (27.03)	0.335 *** (20.18)	0.820 *** (22.22)
capital	-0.249 *** (-151.69)	-0.438 *** (-219.06)	-0.461 *** (-144.71)	-0.017 *** (-4.57)	-0.017 *** (-4.48)	-0.015 *** (-3.05)
wage	0.001 *** (2.82)	0.001 *** (3.50)	0.001 *** (2.91)	0.095 *** (4.28)	0.094 *** (4.20)	0.120 *** (2.84)
Soes	0.963 *** (72.33)	0.750 *** (55.45)	0.801 *** (38.08)	0.981 *** (3.55)	0.970 *** (3.53)	0.142 ** (2.12)
Fies	0.068 *** (11.07)	0.307 *** (47.33)	0.384 *** (42.98)	0.168 *** (2.95)	0.125 ** (2.41)	0.108 ** (2.10)
C	-2.392 *** (-150.46)	-4.221 *** (-219.74)	-4.148 *** (106.34)	3.732 *** (27.78)	3.713 *** (27.78)	2.670 *** (11.80)
SarganP 值				0.2287	0.2121	0.2643
AR (1)				0.000	0.000	0.000
AR (2)				0.9645	0.8121	0.8167
Wald 值				0.000	0.000	0.000

注：***、** 和 * 分别表示在 1%、5% 和 10% 的水平上显著。Sargan 检验的零假设是工具变量与残差无相关性，即模型不存在过度识别；AR (2) 的零假设为残差不存在二阶自相关。

生产率和融资约束对企业是否出口即企业的广延边际有重要影响，为进一步检验其对企业出口集约边际的影响，我们以持续出口企业为研究目标，构建系统 GMM 模型，Sargan 检验及 AR（1）和 AR（2）的结果表明了工具变量的有效性，具体回归结果如表 6.10，（4）（5）（6）分别表示以内源融资和外源融资、综合得分及融资约束指数三种方法来衡量融资约束水平的结果。三组结果中生产率的系数均显著为正，表明生产率水平的提高可以显著提高企业的出口规模。内源融资约束和外源融资约束的系数显著为正，表明融资能力越强，企业出口规模越大。而综合得分越大，表明融资约束越小，企业出口越多。最后一列显示企业营运资本投资敏感性指标来构建的融资指数与出口规模呈负相关关系，融资约束越大，企业出口规模越小。

第三节　本章小结

论文的第四章和第五章分别单独介绍了企业生产率和融资异质性对企业国际化选择的影响，二者都是影响企业进入国际市场的壁垒，对企业的国际化行为有重要影响。但二者之间不是相互独立的，它们对企业出口和 OFDI 影响是相互作用的，本章我们分别通过它们的交互项及门槛效应分析二者的相互作用：

首先，在梳理国内外相关文献的基础上，我们提出融资约束对企业国际化行为影响的直接效应和间接效应，运用中国工业企业微观数据研究发现：融资约束水平的降低既能直接促进企业的出口和对外直接投资活动，也能通过生产率效应和技术创新效应间接提高企业参与国际市场的可能性。进一步研究发现，研发强度较高的企业、私营企业以及职工福利较好的企业，融资能力提高对企业参与国际市场的促进作用更明显。

其次，基于异质性企业全要素生产率和融资约束的视角，从理论和实证两个方面对生产率和融资约束对企业出口的相互作用进行了分析。理论分析表明，生产率和融资约束对企业出口的影响互为条件，生产率水平在一定的范围内，融资水平的提高才会促进出口，同样地，融资能力达到一定水平，生产率提高才会促进出口。门槛效应模型的实证结果与理论假说一致，生产率和生产规模存在双重门槛，融资约束存在单一门槛，稳健性检验结果显示在适度水平内，生产率和融资约束对出口的影响更显著。系统 GMM 模型进一步验证了内源融资、外源融资、综合得分及等不同融资异质性衡量指标下，融资约束对持续出口企业出口规模的影响。

第七章　结论、政策建议及研究展望

第一节 研究结论

本书基于新新贸易理论的相关研究并采用中国工业企业微观数据研究生产率和融资约束异质性在企业国际化路径选择中的作用，得到如下基本结论：

第一，生产率和企业国际化行为符合自选择效应，但不一定存在学习效应。通过 K－S 非参数检验发现，对外直接投资企业的生产率水平最高，出口企业的生产率水平次之，仅服务国内市场的企业生产率水平最低，具有出口经验的企业更容易对外直接投资，且出口会通过提高生产率的方式进一步促进企业的投资活动。通过 PSM－DID 的分析发现，企业对外直接投资明显促进生产率的提高，存在学习效应；出口企业的生产率没有明显高于非出口企业，对生产率的正向影响亦不明显，有时甚至为负，学习效应不明显。

第二，通过 2004—2009 年的工业企业数据研究发现融资约束对企业国际化选择的影响包含三个方面。首先，融资能力与企业出口和 OFDI 呈正相关关系，融资能力的提高会促进企业参与国际市场，即融资约束阻碍其参与国际市场，在更换实证模型、变量选择及控制内生性后结果仍然稳健；其次，融资约束对 OFDI 影响的边际系数大于对出口影响的边际系数，即融资约束对 OFDI 的阻碍作用大于对出口的作用，只有融资约束最低的企业才能以对外直接投资的方式走出去，约束较低的可以选择出口；最后，企业所在的地区特征、行业特征和企业规模均能影响融资约束的效果，行业融资依赖度越低、地区金融发展水平越高以及规模越大的企业，融资能力对其出口和 OFDI 影响越大，企业越容易参与国际市场。

第三，生产率和融资约束对企业的影响不是独立的，而是存在间接效应和门槛效应的。首先，融资约束的改善既能直接促进企业的出口和 OFDI，也通过生产率效应和技术创新效应间接促进企业的国际化。并且，这种促进作用在研发强度较高、私营企业及职工福利较好的企业表现更明显。其次，门槛回归结果显示，企业生产率和生产规模存在双重门槛，当生产率和生产规模低于低门槛值和高于高门槛值时，外源融资能力提高对企业出口的促进作用不明显。当二者处于最优的门槛区间时，外源融资能力的提高会显著促进企业出口。融资约束存在单一门槛，当融资水平跨越门槛值后，生产率对出口的促进作用显著提高；通过构建最优生产率水平、生产规模的虚拟变量与外源融资水平的交互项，及最优融资能力虚拟变量与生产率的交互项发现，所有的交互项均显著为正，表明适当的生产率水平、生产规模会促进融资约束改善对出口的促进作用，融资水平较高时，生产率对出口的促进作用会有所提高；通过对生产率和融资约束的分所有制形式分析，发现不同所有制类型企业的生产率水平和融资水平处于不同区间的比率不同，因此生产率和融资能力提高对其出口的影响也不同；以持续出口企业为研究样本，通过系统 GMM 方法研究发现，生产率水平的提高会显著促进企业出口规模的扩大。内源融资和外源融资水平的提高均提高企业出口规模，以综合得分和企业营运资本投资敏感性衡量的企业融资约束综合指标也表明，企业融资能力的提高会促进企业的出口。

第二节　政策建议

生产率与企业国际化选择的相关文献梳理及实证检验结论给与我们的政策建议包括：

（1）经济发展是企业对外投资的支柱，生产率较高的企业才可以在激烈的国际竞争中建立自己的比较优势。必须注重研发投入促进生产率水平的提高，进而提高企业出口和对外直接投资的质量。同时，消除地区间所有制间的差别政策对待，营造公平良好的竞争环境，使企业能优胜劣汰，最应该走出去和有能力走出去的企业进行国际化生产投资，每个企业都选择适合自身情况的国际化方式。

（2）出口和 OFDI（对外直接投资）是企业参与国际活动的两种形式，OFDI 具有较低的边际成本、运输成本，出口则具有较低的固定成本和风险成本，跨国企业可以同时进行出口和 OFDI，进行优势互补。在生产率水平较低时可以先通过出口的方式参与国际竞争，随着对国外市场的熟悉以及生产率水平的提高，逐渐开始对外直接投资，二者是相互补充而非相互替代的。Smeets（2011）认为只有具有一定生产率水平、吸收能力以及技术转化能力的企业才能从对外投资中获益。因此企业应合理权衡参与国际合作的方式，以期获得最大收益。

（3）出口企业可以通过学习效应提高生产率，进一步促进对外直接投资，因此，应该重点培植这部分出口企业，促进它们的出口，从而间接促进企业的投资，最终带来两种国际化行为的良性互动。

（4）对外直接投资表现出更好的学习效应，因此我们认为，应进一步促进投资便利化，积极发挥对外直接投资的学习效应，并不断促进投资方式由中国式投资（技术寻求）到日本式投资（效率寻求）到美国式投资（市场寻求），积极促进我国边际产业及劳动密集型产业转移，充分发挥自身产业的优势；其次，不断调整出口结构，促进价值链升级，发挥出口对生产率的促进作用，并发挥对外直接投资对出口的促进作用。投资可以有效地缓解中国非加工贸易出口遇到贸易壁垒等一系列问题，促进中国高质量产品的出口才能进一步实现出口的学习效应。

融资约束与企业国际化选择的理论模型及实证检验结果对于我们的政策启示有：

（1）拓宽企业的融资途径。我国现阶段企业融资仍以银行贷款为主，但繁杂的手续、高额的抵押费用及制度偏向严重阻碍企业的出口和OFDI。政府应深化体制改革，增强银行的风险承担能力，并积极引导企业通过商业信用及股权融资等方式全面缓解融资约束问题。我国现在的股票市场上投机动机远远大于投资动机，同时新三板、创业板等资本市场不够完善，相应的制度措施没有跟进，各种金融衍生品可以提供的融资范围不足，这都有待于政府减少干预，促进资本市场的自由发展。

（2）重点关注OFDI企业的融资问题。与出口相比，我国OFDI还处于起步阶段，虽发展速度较快但规模仍然较小，且融资约束对OFDI影响的边际效应大于对出口影响的边际效应，政府应为最有对外直接投资潜力的企业提供相关的融资便利，以促进企业顺利走出去。

（3）要健全融资环境。通过构建一个高度市场化、高效、全面的融资环境，减少企业面临的融资约束和金融市场摩擦，从而有效缓解融资约束对企业出口和OFDI的阻碍作用，并针对不同行业融资依赖度、不同地区发展水平及不同规模的企业，提供相应的融资支持。

(4) 积极推进国有银行改革，鼓励其他银行通过公平竞争提高信贷配置效率，促进信贷市场多元化，从根本上解决以四大国有银行为中心的银行体系在信贷方面存在的信贷歧视，解决中小企业的融资难问题。

生产率和融资异质性对企业国际化选择的间接效应和门槛效应给与我们的政策启示有：

(1) 发达的金融市场可以积极促进跨国公司的全球扩张。毫无疑问，中国许多国有企业的国际化行为源于其便利的信贷条件。因此，政府继续改革信贷市场，为私营企业创造公平的融资环境，对加深中国企业融入全球化非常重要。私营企业同样可以成为国有企业海外投资的重要战略合作伙伴。

(2) 同时，政府应完善补贴机制，有针对性地对研发强度较高的行业进行补贴，以此来平滑融资约束对企业生产率造成的负面影响，鼓励企业进行技术创新，提高跨国公司的竞争力。虽然较高的职工福利水平会使企业在信贷市场上更脆弱，但并不是企业要以牺牲职工的福利来为海外活动融资，人力资源是企业长期发展的重要无形资产，企业应该从提高透明度、改善企业管理、提高会计准则等方面提高其获得外部融资的能力。

(3) 政府政策引导具有针对性。生产率和融资能力是企业走出去必不可少的两个因素，政府应有针对性地促进生产率水平中等企业的融资，因为融资能力提升对这部分企业的出口促进作用是最明显的。对融资不存在问题的企业，重点培育其生产能力。避免给融资能力足够生产率不够的企业融资支持，而需要融资支持的企业关注其生产率等政策偏误。

第三节　研究展望

本书将生产率、融资约束、出口和对外直接投资纳入统一分析框架，运用工业企业数据对生产率和融资异质性在企业国际化选择中的作用进行了分析，一定程度上丰富了新新贸易理论的相关研究。当然，文章还存在一些不足和值得进一步深入研究的地方：

第一，本书仅考虑了出口和投资的总体学习效应，而一般贸易和加工贸易的学习效应以及水平投资和垂直投资的学习效应具有差异性；单产品和多产品的出口和投资对生产率的影响也存在差异；出口和投资到发达国家和发展中国家、高收入国家和低收入国家的效果也各不相同；制造业、高新技术产业等不同行业的学习效应等以及学习效应的滞后性连续性等问题都有待于进一步研究。

第二，虽然文章通过多种方法对企业面临的融资约束进行了衡量和分析，但这些方法主要考察的企业向银行或企业间的贷款，缺乏对企业直接融资方式的考察。很多跨国公司都是上市企业，虽然上市企业可能并不存在融资约束问题，但通过 WW 指数、KZ 指数及 Z 得分、股利支付水平等方法验证融资对上市公司的国际化行为对本书的研究有很好的参考价值。

第三，在分析企业的国际化行为时，我们考虑了信贷政策的所有制差异，以及行业特征、地区特征等宏观因素对结果的影响，但中国经济处于特殊的发展阶段，“金融抑制”现象仍然存在，金融改革并未取得完全成功，将金融发展因素纳入研究框架可能更符合中国企业的实际情况，也非常有必要。

第四，企业走出去有生产率学习效应，那是否对融资能力也有提升呢？首先，出口或对外投资企业会给国内企业释放经营良好、实力雄厚的信号，改善其国内的融资环境。其次，企业走出去通过技术溢出等方式提升自身的竞争力，会进一步提升融资能力。最后，企业走出去面临更多的国外融资渠道，给企业融资带来便利。企业参与国际市场能给自身的融资能力带来改善，进一步促进其走出去能力的提升，从而实现良性循环。我们认为该问题的研究具有很好的现实意义。

第五，由于数据的完整性及连续性问题，我们在研究中最多只能用到 2009 年的数据，这给我们的研究带来很大的缺憾，以后更新数据可能会有不一样的研究。同时，对企业出口和 OFDI 的研究，大部分情况下是采用的离散选择变量来表示，投资规模、不同投资类型企业的不同特点、不同贸易类型问题等值得进一步深入研究。

参考文献

[1] 包群，叶宁，华邵敏．出口学习、异质性匹配与企业生产率的动态变化［J］．世界经济，2014，(4)：26－48．

[2] 陈诗一，陈登科．融资约束，企业效率韧性与我国加总全要素生产率研究［J］．经济学报，2016，(1)：1－31．

[3] 戴觅，余淼杰．中国出口企业生产率之谜：加工贸易的作用［J］．经济学（季刊），2014，13（2）：675－698．

[4] 范剑勇，冯猛．中国制造业出口企业生产率悖论之谜：基于出口密度差别上的检验［J］．管理世界，2013，(8)：16－29．

[5] 黄速建，刘建丽．中国企业海外市场进入模式选择研究［J］．中国工业经济，2009，(1)：108－117．

[6] 蒋冠宏，蒋殿春．中国对发展中国家的投资——东道国制度重要吗？［J］．管理世界，2012，(11)：45－56．

[7] 蒋冠宏，蒋殿春，蒋昕桐．我国技术研发型外向 FDI 的“生产率效应”术——来自工业企业的证据［J］．管理世界，2013，(9)：44－54．

[8] 蒋冠宏，蒋殿春．中国企业对外直接投资的“出口效应”［J］．经济研究，2014，(5)：160－173．

[9] 冀相豹．中国对外直接投资影响因素分析——基于制度的视角［J］．国际贸易问题，2014，(9)：98－108．

[10] 李春顶．中国出口企业是否存在“生产率悖论”基于中国制造业企业数据的检验［J］．世界经济，2010，(7)：64－81．

[11] 吕大国，耿强．出口贸易与中国全要素生产率增长——基于二元外贸结构的视角［J］．世界经济研究，2015，(4)：72－79．

[12] 刘瑞翔，安同良．中国经济增长的动力来源与转换展望［J］．经济研究，2011，(7)：30－41．

[13] 李小平，卢现祥，朱钟棣．国际贸易，技术进步和中国工业行业的生产率增长［J］．经济学（季刊），2008，7（2）：549－564．

[14] 吕越，盛斌．融资约束是制造业企业出口和 OFDI 的原因吗？［J］．世界经济研究，2015(9)：13－36．

[15] 吕延方，王冬．承接外包对中国制造业全要素生产率的影响——基于 1998 - 2007 年面板数据的经验研究 [J]．数量经济技术经济研究，2010，(11)：66 - 83.

[16] 李志远，余淼杰．生产率，信贷约束与企业出口：基于中国企业层面的理论和实证分析 [J]．经济研究，2013，(6)：85 - 99.

[17] 马光荣，刘明，杨恩艳．银行授信，信贷紧缩与企业研发 [J]．金融研究，2014，(7)：76 - 93.

[18] 祁春凌，邹超．东道国制度质量，制度距离与中国的对外直接投资区位 [J]．当代财经，2013，(7)：100 - 110.

[19] 钱学锋，王菊蓉，黄云湖．出口与中国工业企业的生产率——自我选择效应还是出口学习效应？[J]．数量经济技术经济研究，2011，28 (2)：37 - 51.

[20] 盛丹，王永进．产业集聚，信贷资源配置效率与企业的融资成本——来自世界银行调查数据和中国工业企业数据的证据 [J]．管理世界，2013，(6)：85 - 98.

[21] 孙灵燕，李荣林．融资约束限制中国企业出口参与吗？[J]．经济学（季刊），2011，11 (1)：231 - 252.

[22] 田巍，余淼杰．企业生产率和企业“走出去”对外直接投资：基于企业层面数据的实证研究 [J]．经济学（季刊），2012，(2)：383 - 408.

[23] 阳佳余．融资约束与企业出口行为：基于工业企业数据的经验研究 [J]．经济学（季刊），2012，11 (3)：1503 - 1524.

[24] 杨连星，张杰，金群．金融发展，融资约束与企业出口的三元边际 [J]．国际贸易问题，2015 (4)：95 - 105.

[25] 项本武．中国对外直接投资的贸易效应研究——基于面板数据的协整分析 [J]．财贸经济，2009 (4)：77 - 82.

[26] 肖慧敏，刘辉煌．中国企业对外直接投资的学习效应研究 [J]．财经研究，2014，(4)：42 - 55.

[27] 亚当·斯密．国民财富的性质和原因的研究 [M]．北京：商务印书馆，1974.

[28] 张春萍．中国对外直接投资的贸易效应研究 [J]．数量经济技术经济研究，2012，(6)：74 - 85.

[29] 赵春明，文磊，赵梦初．融资约束对企业全要素生产率的影响——基于工业企业数据的研究 [J]．经济经纬，2015，(3)：66 - 72.

[30] 张杰，芦哲，郑文平．融资约束，融资渠道与企业 R&D 投入 [J]．世界经济，2012，10 (1)：66 - 90.

[31] 张中元．外部融资约束对企业出口行为的影响——基于中国企业普查数据的实证研究 [J]．经济理论与经济管理，2015，(3)：34 - 49.

[32] Abrahams E, Anderson P W, Licciardello D C, et al. Scaling Theory of Localization: Absence of quantum diffusion in two dimensions [J]. Physical Review Letters, 1979, 42

(10): 673 - 676.

[33] Arnold J M, Hussinger K. Export behavior and firm productivity in German manufacturing: a firm - level analysis [J]. Review of World Economics, 2005, 141 (2): 219 - 243.

[34] Asiedu E. Foreign direct investment in Africa: The role of natural resources, market size, government policy, institutions and political instability [J]. The World Economy, 2006, 29 (1): 63 - 77.

[35] Aw B Y, Chung S, Roberts M J. Productivity and turnover in the export market: micro - level evidence from the Republic of Korea and Taiwan (China) [J]. The World Bank Economic Review, 2000, 14 (1): 65 - 90.

[36] Ayyagari M, Demirgü ? - Kunt A, Maksimovic V. Formal versus informal finance: Evidence from China [J]. Review of Financial Studies, 2010, 23 (8): 3048 - 3097.

[37] Bebchuk L A, Cohen A. The costs of entrenched boards [J]. Journal of Financial Economics, 2005, 78 (2): 409 - 433.

[38] Beck U. Individualization: Institutionalized individualism and its social and political consequences [M]. Sage, 2002.

[39] Bellone, F, Musso P, Nesta L, Schiavo S. Financial Constraints and Firm Export Behavior. World Economy, 2010, (33): 347 - 373.

[40] Berman N, Héricourt J. Financial factors and the margins of trade: Evidence from cross - country firm - level data [J]. Journal of Development Economics, 2010, 93 (2): 206 - 217.

[41] Bernard A B, Eaton J, Jensen J B, et al. Plants and productivity in international trade [J]. The American Economic Review, 2003, 93 (4): 1268 - 1290.

[42] Bertrand O, Betschinger M A. Performance of domestic and cross - border acquisitions: Empirical evidence from Russian acquirers [J]. Journal of Comparative Economics, 2012, 40 (3): 413 - 437.

[43] Bloch H, Tang S H K. The effects of exports, technical change and markup on total factor productivity growth: Evidence from Singapore's electronics industry [J]. Economics Letters, 2007, 96 (1): 58 - 63.

[44] Bougheas S, Görg H. Organizational forms for global engagement of firms [J]. University of Nottingham, GEP Research Paper, 2008, 33.

[45] Buch C M, Kesternich I, Lipponer A, et al. Exports versus FDI revisited: does finance matter? [J]. 2010.

[46] Buch C M, Kesternich I, Lipponer A, et al. Financial constraints and foreign direct investment: firm - level evidence [J]. Review of World Economics, 2014, 150 (2): 393 - 420.

[47] Buckley P J, Casson M. The future of the multinational enterpnse [M]. London: Macmillan. 1976.

[48] Buckley, P. J. , L. J. Cleg, A. R. Cross, X. Liu, and P. Voss Zheng, "The Determinants of Chinese Outward Foreign Direct Investment," Journal of International Business Studies, 2007, 38 (4): 499 - 518.

[49] Chaney T. The gravity equation in international trade: An explanation [R]. National Bureau of Economic Research, 2013.

[50] Chava S, Oettl A, Subramanian A. Banking deregulation and innovation [J]. Journal of Financial Economics, 2013, 109 (3): 759 - 774.

[51] Chen V Z, Li J, Shapiro D M. International reverse spillover effects on parent firms: Evidences from emerging - market MNEs in developed markets [J]. European Management Journal, 2012, 30 (3): 204 - 218.

[52] Chen W, Tang H. The Dragon Is Flying West: Micro - level Evidence of Chinese Outward Direct Investment [J]. Asian Development Review, 2014, 31 (2) : 109 - 140.

[53] Czarnitzki D, Licht G. Additionality of public R&D grants in a transition economy [J]. Economics of Transition, 2006, 14 (1): 101 - 131.

[54] Cheung Y W, De Haan J, Qian X, et al. China's outward direct investment in Africa [J]. Review of International Economics, 2012, 20 (2): 201 - 220.

[55] Coase R H. The nature of the firm [J]. Economica, 1937, 4 (16): 386 - 405.

[56] Dalgç B, Fazloğlu B, Karaoğlan D. Entry to foreign markets and productivity: Evidence from a matched sample of Turkish manufacturing firms [J]. The Journal of International Trade & Economic Development, 2015, 24 (5): 638 - 659.

[57] Damijan J P, Polanec S, Prašnikar J. Outward FDI and Productivity: Micro - evidence from Slovenia [J]. The World Economy, 2007, 30 (1): 135 - 155.

[58] De Loecker J. Do exports generate higher productivity? Evidence from Slovenia [J]. Journal of international economics, 2007, 73 (1): 69 - 98.

[59] De Loecker J, Warzynski F. Markups and firm - level export status [J]. The American Economic Review, 2012, 102 (6): 2437 - 2471.

[60] Deng P. Why do Chinese firms tend to acquire strategic assets in international expansion? [J]. Journal of World Business, 2009, 44 (1): 74 - 84.

[61] Di Mauro, Francesca. The Impact of Economic Integration on FDI and Exports: A Gravity Approach. CEPS Working Document No. 156, 2000 (11).

[62] Duanmu J L. External Finance and the Foreign Direct Investment Decision: Evidence from Privately Owned Enterprises in China [J]. International Journal of the Economics of Business, 2015, 22 (1): 23 - 45.

[63] Du J, Girma S. Financing source and firm growth in a hybrid financial system: evidence from China [R]. Working Paper. Available at: http: //papers. ssrn. com/sol3/papers.

cfm, 2007.

[64] Dunning J H, Pearce R D. The world's largest industrial enterprises [M]. Gower Publishing Company, Limited, 1981.

[65] Dunning J H. The eclectic paradigm of international production: A restatement and some possible extensions [J]. Journal of international business studies, 1988, 19 (1): 1 -31.

[66] Edamura K, Haneda S, Inui T, et al. Impact of Chinese cross - border outbound M&As on firm performance: Econometric analysis using firm - level data [J]. China Economic Review, 2014, (30): 169 - 179.

[67] Fazzari S M, Hubbard R G, Petersen B C, et al. Financing constraints and corporate investment [J]. Brookings papers on economic activity, 1988, (1): 141 -206.

[68] Grossman, G. M, Helpman, E. 1991. Trade, knowledge spillovers, and growth [J]. European Economic Review, 35 (2): 517 -526.

[69] Gatti R, Love I. Does access to credit improve productivity? Evidence from Bulgarial [J]. Economics of Transition, 2008, 16 (3): 445 -465.

[70] Gani A. Governance and foreign direct investment links: evidence from panel data estimations [J]. Applied Economics Letters, 2007, 14 (10): 753 -756.

[71] Girma S, Kneller R, Pisu M. Exports versus FDI: an empirical test [J]. Review of World Economics, 2005, 141 (2): 193 -218.

[72] Gullstrand J, Olofsdotter K, Thede S. Importers, Exporters and Multinationals: Exploring the Hierarchy of International Linkages [J]. Open Economies Review, 2015: 1 -20.

[73] Head K, Ries J. Heterogeneity and the FDI versus export decision of Japanese manufacturers [J]. Journal of the Japanese and international economies, 2003, 17 (4): 448 -467.

[74] Heckman J J, Ichimura H, Todd P E. Matching as an econometric evaluation estimator: Evidence from evaluating a job training programme [J]. The review of economic studies, 1997, 64 (4): 605 -654.

[75] Heckman J J. Sample Selection Bias as a Specification Error, Econometrica [J]. 1979, 47 (1): 153 - 161.

[76] Habib M, Zurawicki L. Corruption and foreign direct investment [J]. Journal of international business studies, 2002, 33 (2): 291 -307.

[77] Helpman E. , and P. R. Krugman, "Market Structure and Foreign Trade: Increasing returns, Imperfect Competition, and the International Economy," MIT Press, 1985.

[78] Helpman, E, Melitz, M. J. , Yeaple, S. R. Export versus FDI [J]. America Economic Review, 2004, 94 (1): 300 -316.

[79] Herzer D, Vollmer S. Inequality and growth: evidence from panel cointegration [J]. The Journal of Economic Inequality, 2012, 10 (4): 489 -503.

[80] Hijzen A, Jean S, Mayer T. The effects at home of initiating production abroad: evidence from matched French firms [J]. Review of World Economics, 2011, 147 (3): 457 -483.

[81] Horowitz M, Wilner N, Alvarez W. Impact of Event Scale: a measure of subjective stress [J]. Psychosomatic medicine, 1979, 41 (3): 209 -218.

[82] Hymer S. The international operations of national firms: A study of direct foreign investment [M]. Cambridge, MA: MIT press, 1976.

[83] Ito K, Lechevalier S. Why some firms persistently out - perform others: investigating the interactions between innovation and exporting strategies [J]. Industrial and Corporate Change, 2010, 19 (6): 1997 -2039.

[84] Kayhan A. Managerial entrenchment and the debt - equity choice [R]. working paper, University of Texas at Austin, 2003.

[85] Kimura F, Kiyota K. Exports, FDI, and productivity: Dynamic evidence from Japanese firms [J]. Review of World Economics, 2006, 142 (4): 695 -719.

[86] Krugman P R. International economics: Theory and policy [M]. Pearson Education India, 2008.

[87] Kojima K. Direct foreign investment; A Japanese model of multinational business operations [M]. London: Croom Helm, 1978.

[88] Kohn D, Leibovici F, Szkup M. Financial frictions and new exporter dynamics [J]. International Economic Review, 2016, 57 (2): 453 -486.

[89] Kolstad I, Wiig A. What determines Chinese outward FDI? [J]. Journal of World Business, 2012, 47 (1): 26 -34.

[90] Lall S, Chen E, Katz J, et al. The new multinationals: The spread of third world enterprises [J]. 1983.

[91] Levinsohn J, Petrin A. Estimating production functions using inputs to control for unobservables [J]. The Review of Economic Studies, 2003, 70 (2): 317 -341.

[92] Li Z, Yu M. Exports, productivity, and credit constraints: A firm - level empirical investigation of China [J]. Available at SSRN 1461399, 2009.

[93] Micro - level Evidence from the Republic of Korea and Taiwan (China) . The World Bank Economic Review, 2012, 14 (1): 65 -90.

[94] MacKay P. Real flexibility and financial structure: An empirical analysis [J]. Review of Financial Studies, 2003, 16 (4): 1131 -1165.

[95] Melitz M J. The impact of trade on intra - industry reallocations and aggregate industry productivity [J]. Econometrica, 2003, 71 (6): 1695 -1725.

[96] Manova K. Credit constraints, heterogeneous firms, and international trade [J]. The Review of Economic Studies, 2013, 80 (2): 711 -744.

[97] Manova K, Yu Z. How firms export: Processing vs. ordinary trade with financial frictions [J]. Journal of International Economics, 2016, 100: 120 - 137.

[98] Morris S, Jain P A. Determinants of Outward FDI: Empirical Analysis of OECD Source Countries [J]. Available at SSRN 2733040, 2016.

[99] Mundell R A. International trade and factor mobility [J]. The American Economic Review, 1957, 47 (3): 321 - 335.

[100] Mathews J A. Dragon multinationals: New players in 21st century globalization [J]. Asia Pacific journal of management, 2006, 23 (1): 5 - 27.

[101] Minetti R, Zhu S C. Credit constraints and firm export: Microeconomic evidence from Italy [J]. Journal of International Economics, 2011, 83 (2): 109 - 125.

[102] Mlachila M M, Takebe M M. FDI from BRICs to LICs: Emerging growth driver? [M]. International Monetary Fund, 2011.

[103] Modigliani F, Miller M H. The cost of capital, corporation finance and the theory of investment [J]. The American economic review, 1958, 48 (3): 261 - 297.

[104] Navaretti G B, Castellani D, Disdier A C. How does investing in cheap labour countries affect performance at home? Firm - level evidence from France and Italy [J]. Oxford Economic Papers, 2010, 62 (2): 234 - 260.

[105] Narayanan K, Bhat S. Technology sourcing and outward FDI: A study of IT industry in India [J]. Technovation, 2011, 31 (4): 177 - 184.

[106] Oberhofer H, Pfaffermayr M. FDI versus exports: multiple host countries and empirical evidence [J]. The World Economy, 2012, 35 (3): 316 - 330.

[107] Olley. S. , and A. Pakes, The Dynamics of Productivity in the Telecommunications Equipment Industry, Econometrica, 1996, 64 (6): 1263 - 1297.

[108] Petersen M A. Estimating standard errors in finance panel data sets: Comparing approaches [J]. Review of financial studies, 2009, 22 (1): 435 - 480.

[109] Phua J, Badia J R, Adhikari N K J, et al. Has mortality from acute respiratory distress syndrome decreased over time? A systematic review [J]. American Journal of Respiratory and Critical Care Medicine, 2009, 179 (3): 220 - 227.

[110] Pradhan J P. How do Indian multinationals affect exports from home country? [R]. Institute for Studies in Industrial Development Working Paper, No. 2007 - 17, 2007.

[111] Ramamurti R. What is really different about emerging market multinationals? [J]. Global Strategy Journal, 2012, 2 (1): 41 - 47.

[112] Rajan R G, Zingales L. Which capitalism? Lessons form the east Asian crisis [J]. Journal of Applied Corporate Finance, 1998, 11 (3): 40 - 48.

[113] Smeets R, Bosker E M. Leaders, laggards and technology seeking strategies [J]. Journal of

Economic Behavior & Organization, 2011, 80 (3): 481 -497.

[114] Smeets R, Vaal A. Knowledge diffusion from FDI and intellectual property rights [M]. CPB Netherlands Bureau for Economic Policy Analysis, 2011.

[115] Stiebale J. Do Financial Constraints Matter for Foreign Market Entry? A Firm - level Examination [J]. The World Economy, 2011, 34 (1): 123 - 153.

[116] Taylor R. Globalization strategies of Chinese companies: Current developments and future prospects [J]. Asian Business & Management, 2002, 1 (2): 209 - 225.

[117] Thomas R, Narayanan K. Outward FDI, Exports and Technological Efforts: A Study of Indian Manufacturing Firms [J]. 2013, 10: 1 - 26.

[118] Todo Y. Quantitative Evaluation of the Determinants of Export and FDI: Firm - level Evidence from Japan [J]. The World Economy, 2011, 34 (3): 355 - 381.

[119] Van Biesebroeck J. Exporting raises productivity in sub - Saharan African manufacturing firms [J]. Journal of International economics, 2005, 67 (2): 373 - 391.

[120] Vernon R. International investment and international trade in the product cycle [J]. The quarterly journal of economics, 1966, 80 (2), 190 - 207.

[121] Wagner J. Exports, foreign direct investment, and productivity: Evidence from German firm level data [J]. Applied Economics Letters, 2006, 13 (6): 347 - 349.

[122] Wagner J. Exports and productivity: A survey of the evidence from firm - level data [J]. The World Economy, 2007, 30 (1): 60 - 82.

[123] Wells L T. Third world multinationals: The rise of foreign investments from developing countries [J]. MIT Press Books, 1983, 1.

[124] Witt M A, Lewin A Y. Outward foreign direct investment as escape response to home country institutional constraints [J]. Journal of International Business Studies, 2007, 38 (4): 579 - 594.

[125] Wooldridge J M. Econometric analysis of cross section and panel data [M]. MIT press, 2010.

[126] Xu D, Shenkar O. Note: Institutional distance and the multinational enterprise [J]. Academy of Management review, 2002, 27 (4): 608 - 618.

[127] Yeaple S R. Firm heterogeneity and the structure of US multinational activity [J]. Journal of International Economics, 2009, 78 (2): 206 - 215.

[128] Yashiro N, Hirano D. Do All Exporters Benefit from Export Boom? - Evidence from Japan [J]. 2009.

[129] Zhang X, Daly K. The determinants of China's outward foreign direct investment [J]. Emerging Markets Review, 2011, 12 (4): 389 - 398.

[130] Zia B H. Export incentives, financial constraints, and the (mis) allocation of credit: micro - level evidence from subsidized export loans [J]. Journal of Financial Economics, 2008, 87 (2): 498 - 527.